リフレッシュ 安全衛生委員会

事例にみるキーポイント33

中央労働災害防止協会

まえがき

　我が国における労働災害は、長期的には減少傾向にあります。しかし、労働災害の現状は減少したとはいえ、依然毎年2,000人近い死亡者と、10万人を超える負傷者（休業4日以上）が生じており、さらなる労働災害の減少を図ることが今後の課題です。

　この課題に対して、労働安全衛生マネジメントシステム、機械の包括的安全基準、化学物質管理制度等、国からも新しい施策が次々と打ち出されています。

　このように、我が国の事業場における安全衛生管理も新しい転換期を迎え、より充実した安全衛生管理が要求される時代に入ったと考えられます。

　このような背景の中で、重要な位置を占めるのが安全衛生委員会の役割です。労使によって進める安全衛生管理では、両者が一つの場で調査審議する安全衛生委員会の存在が重要です。

　そして、上に述べた時代の要求に対応するためにも、この組織および活動を活発化することが新しい時代の安全衛生管理にとって必要なことです。

　本書は、平成10年より11年にかけて労働省（現・厚生労働省）からの委託を受けて当協会が実施した「安全衛生委員会の活発化に関する調査研究」の成果をもとに、事業場で進められている安全衛生委員会活動の好事例をまとめたものです。

　なお、安全衛生委員会の基本的運営事項については、当協会が発行している「安全衛生委員会の進め方・活かし方」を参考にされることをおすすめします。

　本書が、事業者をはじめ安全衛生委員会関係者に広く活用され、事業場の安全衛生委員会活動の活発化に役立つことを期待しております。

平成14年8月

中央労働災害防止協会

も く じ

はじめに　　6

1．本書のねらいについて／6
2．調査の概要／6
3．図表の見方／8

第1編　計　画　　9

第1章　安全衛生委員会に関する基本……………………………………10

1．安全衛生委員会のルール化／10
2．安全衛生委員会の形／11
3．安全衛生委員会の性格／12

第2章　安全衛生委員会と他の組織との関係 ……………………………13

1．組織間の連携／13
2．上部組織／14
3．下部組織／15
4．構内協力企業の参加／17

第3章　安全衛生委員会の委員数 …………………………………………18

1．議長の職位／18
2．安全衛生委員会の委員数／19
3．安全衛生委員の資質／20
4．事務局／20

第4章　審議事項の選定 ……………………………………………………21

1．情報の収集／21
2．審議事項の選定／22
3．審議事項と報告事項／24

第5章　安全衛生委員会活動計画の策定 …………………………………24

1．年間活動計画／25
2．主催行事／25

第2編　実　　施　　　　　　　　　　　　　　　　　　　　27

第1章　安全衛生委員会の運営 …………………………………………28
1．資料の準備／28
2．出席率向上策／28
3．事前打ち合わせ／30
4．議長の役割／31
5．事務局の役割／32
6．委員の発言／33
7．安全衛生委員への教育／34
8．全員参加／36

第2章　安全衛生委員会の事後措置 ……………………………………36
1．議事録の作成／37
2．議事録の配布先／37
3．合意事項の実施率／38
4．安全衛生対策の実施の流れ／39
5．合意事項実施時の担当部署／40
6．合意事項に対するフォロー／42

第3章　広報活動 …………………………………………………………42
1．広報機能／42

第3編　安全衛生委員会活動の評価・改善　　　　　　　　　　　　45

1．安全衛生委員会活動の評価／46
2．安全衛生委員会および安全衛生管理システムの見直し／47

第4編　ま　と　め　　　　　　　　　　　　　　　　　　　　　　　49

第1章　安全衛生委員会の活発化要因のまとめ ………………………50
第2章　ヒアリング調査における活発化のポイント …………………52

巻　　末　　　　　　　　　　　　　　　　　　　　　　　　　　　55

「資料」（資料1～資料16）……………………………………………56
「安全衛生委員会活発化チェックリスト」……………………………77
「安全・衛生委員会活動状況調査票」…………………………………80

はじめに

1．本書のねらいについて

　安全衛生委員会は、使用者と労働者の協力により事業場の労働災害防止を進めるために、労働安全衛生法により一定規模の事業場に設置すること等が定められており、安全衛生管理を推進する役割を持っています。

　しかしながら現実の安全衛生委員会活動は、マンネリ化等により必ずしも活発ではないという声もしばしば聞かれています。これらの声の背景には次のような要因が存在しています。

- 事業場の組織の中で安全衛生委員会の位置づけ、機能が明確になっていないこと。
- 活動の停滞により、議題がいつも同じパターンに陥りやすいこと。
- 審議事項が職場のニーズと直結せず遊離している場合がみられること。
- 安全衛生委員会の委員の発言が、特定の委員にかたよる場合があること。
- 安全衛生委員会の情報は迅速に職場に伝達する必要があるが、これが円滑にいっていない場合があること。

　このような背景から、事業場の安全衛生委員会に関する調査研究結果をもとにして、本書では安全衛生委員会の効果的運営のノウハウをまとめました。

　安全衛生委員会活動を活発に進めている事業場の事例から、参考になる点を応用していただき、事業場の安全衛生委員会活動に役立ててください。

　本書に掲載した資料は、安全衛生委員会に関するアンケート調査結果（以下、アンケート調査という。）、及びアンケート調査に基づき選出した事業場を対象とした訪問形式によるヒアリング調査結果から、活動事例を多く掲載しています。

　また、本書の構成は、厚生労働省から公表された「労働安全衛生マネジメントシステムに関する指針」の流れにできるだけ準拠するようにしました。

2．調査の概要

(1) 安全衛生委員会に関するアンケート調査（平成10年）

　① 調査対象事業場
　　a．平成9年と10年の労働基準局長表彰対象事業場（安全または衛生）
　　b．関係団体の推薦事業場

　② 調査方法
　　①の事業場を対象に、「安全・衛生委員会活動状況調査票」（巻末80ページ参照）によりアンケートを行いました。

　③ 回収結果

調査票を送付した893事業場のうち、409事業場から回答を得ました。
（回収率＝45.8％）

④ 集計方法

a．規模別・業種別について

表Ⅰは、調査対象事業場の規模別・業種別を示しました。業種は製造業が多いため、集計は規模別に行いました。

表Ⅰ　調査対象事業場の規模別、業種別

事業場規模（人）	業種別 製造業	建設業	その他	規模別計
1～ 49	35	7	2	44
50～ 99	84	9	6	99
100～299	120	9	4	133
300～499	37	1	5	43
500～999	43	0	6	49
1000以上	20	0	8	28
N.A.	10	2	1	13
業種別計	349	28	32	409

（注）「その他」に含まれる回答があった業種は、鉱業、運輸交通、貨物取扱、商業、金融・広告、通信、教育・研究、接客娯楽業などである。
「N.A.」は、回答なしを意味する（以下同じ）。

b．活発度別について

表Ⅱは「安全・衛生委員会活動状況調査票」（巻末80ページ）の設問31（委員会の活発度）の結果を3段階（活発・普通・不活発）に分類し集計した調査対象事業場の活発度別を示しました。

表Ⅱ　調査対象事業場の活発度別

事業場規模（人）	活発度別 活発	普通	不活発	N.A.	規模別計
1～ 49	7	29	8	0	44
50～ 99	20	72	4	3	99
100～299	61	60	10	2	133
300～499	14	24	5	0	43
500～999	19	27	3	0	49
1000以上	13	11	4	0	28
N.A.	7	4	1	1	13
活発度別計	141	227	35	6	409

(2) 事業場訪問によるヒアリング調査（平成11年）
  ① 調査対象事業場
   アンケート調査で設問31を「a．非常に活発」と回答した事業場を優先し、アンケート調査を点数化した結果や、業種及び事業場規模等を考慮して、調査対象事業場として25事業場を選出しました。
   なお、点数化はアンケート調査の設問13，14，19，26及び31を対象として行いました。その点数（50点満点）と自己評価による活発度評価の関係を表Ⅲに示しました。

   表Ⅲ　自己評価による活発度

点数	自己評価による活発度評価			
	活発	普通	不活発	N.A.
1～10	0	0	0	0
11～20	0	1	3	1
21～30	1	17	15	0
31～40	22	147	17	5
41～50	118	62	0	0

【アンケート調査の点数の付け方】
  ⓐ 設問13に対する回答（委員会の開催回数）：12回以上 → 10点、10～11回 → 8点、6～9回 → 3点、5回以下 → 0点
  ⓑ 設問14に対する回答（委員の出席率）：100% → 10点、80%以上 → 8点、60%以上 → 6点、60%未満 → 2点、N.A.（無回答）→ 0点
  ⓒ 設問19に対する回答（委員の発言状況）：a → 10点、b → 5点、c → 2点
  ⓓ 設問26に対する回答（合意事項の実施率）：回答の数値を10で割り、四捨五入した数値を点数とした。
  ⓔ 設問31に対する回答（活発度）：a → 10点、b → 8点、c → 5点、d → 2点、e → 0点

  ② 調査方法
   質問紙によりヒアリング調査を行いました。

3．図表の見方
  ① 事業場規模　　規模別に6段階に分類
  ② N.A.　　　　　無回答の数
  ③ ％　　　　　　回答数を回答事業場数で割ったもの

第1編　計　画

第1章　安全衛生委員会に関する基本

　安全衛生委員会に関する基本は、労働安全衛生マネジメントシステムにおける事業者による基本方針の表明に当たる部分であり、経営者すなわち事業者が安全衛生に関するポリシーを明確にしなければならない領域です。

　労働安全衛生法における安全衛生委員会の目的は、労働災害の防止や健康管理に関する基本的対策を調査審議し事業者に対して意見を述べることであり、これが基本的性格となっています。そして重要なことは、事業場の組織の中で安全衛生委員会の位置づけを明確にすることです。

1. 安全衛生委員会のルール化

現状

　図1は安全衛生委員会が安全衛生委員会規程上でどのような機能をもっているかを示したものです。労働安全衛生法で示された調査・審議、労働者の意見を聞く場のほか、安全衛生活動に対するチェック機能がもっとも高かった点が注目されます。

　労働安全衛生マネジメントシステムでは評価機能が重視されていますが、安全衛生委員会でもこの点に関する役割が大きいです。

　そのほか、安全衛生委員会が意志決定機能や実行機能を持っている事業場が多くありました。安全衛生委員会に意志決定機能を持たせることは、いくつかの問題が含まれる場合があります。これについて、キーポイント3で説明します。

図1　規程で定められている安全衛生委員会の機能（複数回答）

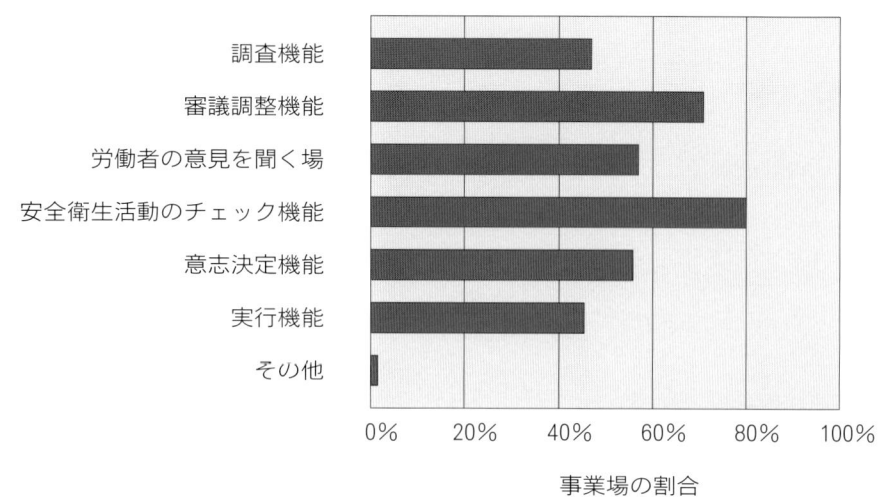

キーポイント 1　安全衛生委員会の目的・機能を規程で明確化すること。

　安全衛生委員会の目的、機能を事業者により規程の中で明確化することが必要であり、この基本となるものが安全衛生委員会規程です。
　安全衛生委員会規程は、事業場のルールとして確立するとともに組織内に周知徹底することも大切です。

事　例

　資料1は、安全衛生委員会の目的、機能が安全衛生委員会規程の中で明確に示されている事例です。

2. 安全衛生委員会の形

現　状

　図2は委員会の形を示しました。事業場の92％が安全衛生委員会の形をとっています。これは本来衛生委員会の設置だけで足りるはずの事務系の業種でも同様であり、次の2つの理由が背景となっています。
　1）労働災害防止に関して安全・衛生の境界線が不明瞭になりつつあること。
　2）事務系職場でも機械化等により安全問題と無縁でなくなったこと。
　表1は、上記の安全衛生委員会としている事業場で議題（審議・報告事項）で取り上げられる安全と衛生の割合を示しました。安全衛生委員会で取り上げられる議題は、衛生より安全の割合が高い傾向にあります。
　しかしながら、安全委員会のみは、法の趣旨から見て問題があります。

図2　委員会の形

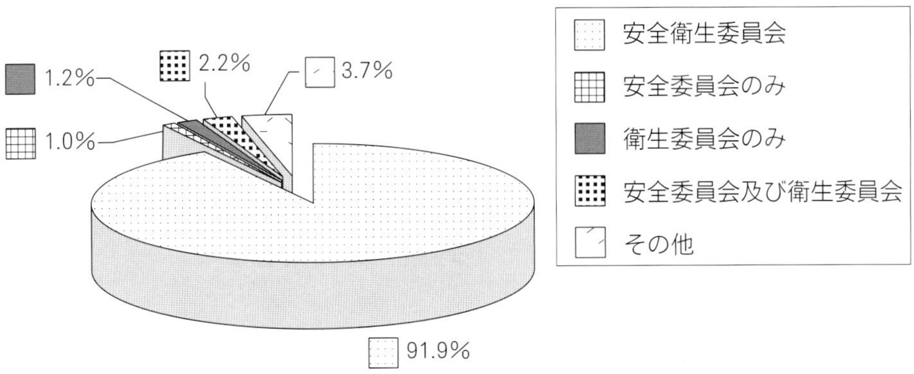

- 安全衛生委員会　91.9%
- 安全委員会のみ　1.0%
- 衛生委員会のみ　1.2%
- 安全委員会及び衛生委員会　2.2%
- その他　3.7%

表1　安全衛生委員会の議題で取り上げられる安全と衛生の割合

		安全を議題として取り上げる比率（％）				
		0～20	21～40	41～60	61～80	81～100
衛生を議題として取り上げる比率（％）	81～100	0.3%	0.0%	0.0%	0.0%	0.0%
	61～80	0.3%	1.1%	0.0%	0.0%	0.0%
	41～60	0.0%	1.1%	12.2%	0.0%	0.0%
	21～40	0.0%	3.2%	24.5%	23.4%	0.0%
	0～20	0.3%	0.8%	3.5%	25.3%	4.3%

（注）データは、委員会の形が安全衛生委員会としている事業場のものです。

キーポイント2 委員会の名称、調査審議事項の管轄領域を明確にすること。

　委員会活動は安全・衛生問題を一つの場で調査審議する安全衛生委員会の形が主流になっていると見ることができますが、安全衛生委員会とした場合、どちらかというと身近な問題となりやすい安全管理面に調査審議の重点が置かれ、衛生管理面はやや不活発になる傾向がある点は注意が必要です。

　また安全衛生委員会が関連領域として意識される、交通安全、防災、（地球）環境、時としては品質問題まで調査審議の管轄領域に含める場合もあります。安全衛生委員会は労働災害防止が主目的ですから、領域を拡大することにより審議事項が散漫にならないように、規程の中で調査審議事項の管轄領域を明確にしておくことが必要です。

3. 安全衛生委員会の性格

現状

　先に示した図1のとおり、規程で定められている安全衛生委員会の機能として「意志決定機能」が57.7％、「実行機能」が47.2％と高率を示しています。また、安全衛生委員会活動の活発度別と安全衛生委員会機能を組み合わせた場合でも、「活発」な事業場では安全衛生委員会に意志決定機能、実行機能等の権限を持たせている例が多く見られています。

　しかしながら、規程上で安全衛生委員会に決定権を持たせることは次のような問題を生ずる恐れがあります。

1）労働災害防止はあくまでも事業者責任であり、安全衛生委員会に決定権を持たせることは事業者責任があいまいになること。
2）安全衛生委員会は労使による組織であるため、安全衛生委員会に決定権を持たせることは、事業者責任である労働災害防止責任が労働組合にも生じてしまうこと。

キーポイント 3 安全衛生委員会は調査審議機関であり、意志決定機関ではないこと。

　事業場の安全衛生活動の効果を得るためには、事業者が一方的に安全衛生上の措置を講ずるだけでなく、事業場の安全衛生問題について労働者が十分に関心を持ち、その意見が事業者の行う安全衛生上の措置に反映されるように、安全衛生委員会が設けられています。

　このため、安全衛生委員会は安全衛生問題を調査審議し事業者に意見を述べる機関の性格を持たせ、運営上で合意事項の実施状況に対するチェック機能の役割を担う必要があります。

第2章　安全衛生委員会と他の組織との関係

　安全衛生活動を推進するうえで、生産ライン、安全衛生スタッフ及び安全衛生委員会を有機的に結びつけるとともにそれぞれの機能を明確にしておくことは、安全衛生委員会を効果的に運営していくために大切です。

　複数の事業場を持つ企業では事業場間で安全衛生管理の格差が生じる恐れがあるため、一定の管理水準を確保するための調整を行う全社的な中央安全衛生委員会等の上部組織を設けることは事業場間の格差をなくすことに役立ちます。

　また、事業場の安全衛生委員会では、各職場から安全衛生委員会の委員（以下、安全衛生委員という。）が出席していても専門的問題となると、職場や作業の特徴を知る委員だけでは具体的な対策を検討する段階などで対応できず、審議に支障を来す場合があります。そのため、事業場の安全衛生委員会に小委員会等の下部組織を設置して専門的問題に対して具体的検討を行う必要もあります。

　そのほか、最近の業務の多様化や分社化により、構内に多くの協力企業を持つケースが増加しています。親会社と関連企業や構内協力企業等との連携の不具合が労働災害発生の原因となっている場合もあるため、親会社の安全衛生委員会にオブザーバーとして参加させる等により両者の連携を図ることも必要です。

1. 組織間の連携

現　状

　安全衛生委員会は事業場の安全衛生管理を進めるための重要組織ですが、生産ラインの職制による責務と安全衛生推進上の責任・権限が一体化されていないため、安全衛生が生産業務と離れてしまう場合が見られます。

　また、最近の安全衛生委員会は、複数の事業場間の安全衛生管理水準をあわせるため、あるいはより具体的な検討を行うため、一つの安全衛生委員会だけではなく種々の関連組織を持ち、複雑な形になっているケースも多く見られています。

キーポイント4　安全衛生委員会とライン組織等との連携関係を規程上で明確にすること。

　安全衛生委員会はライン組織でないため、会社の規程の中でライン組織との連携関係を示しながら、事業場組織全体の中の位置づけを明確にしておくことが重要です。

　また、安全衛生委員会の組織は複雑になるほど各組織の機能や活動範囲がわかりにくくなるため、活動範囲等を規程の上で明確にしておくことも必要です。

事例

　資料2では、全社的な中央安全衛生委員会と事業場単位の安全衛生委員会の関係が明確な形で示されています。

　また**資料3**の組織図では、全社安全衛生委員会および関連組織がライン組織との関連において位置づけられています。

2. 上部組織

現状

　表2は、事業場の安全衛生委員会の上部組織として設置される全社的な中央安全衛生委員会等の設置状況を示しています。事業場規模が大きくなると中央安全衛生委員会の設置率が高くなる傾向があります。

　中央安全衛生委員会には労使で組織される場合（労使型）と、事業者側を中心に組織さ

表2　事業場の安全衛生委員会の上部組織として設置される全社的な
　　　中央安全衛生委員会等の設置状況（複数回答）

事業場規模（人）	上部組織が設置されている	労使による委員会がある	事業者側による委員会がある	上部組織が設置されていない又は該当しない
1～49	31.8%	6.8%	25.0%	68.2%
50～99	38.4%	16.2%	22.2%	61.6%
100～299	30.8%	23.3%	7.5%	69.2%
300～499	37.2%	25.6%	11.6%	62.8%
500～999	42.9%	34.7%	8.2%	57.1%
1000以上	46.4%	32.1%	14.3%	53.6%
全事業場	36.7%	22.5%	14.2%	63.3%

れる場合（事業者型）とがあります。活発度別との関係では、労使型の中央安全衛生委員会を設置しているところは活発度が高くなる傾向を示しました。これに対し事業者型中央安全衛生委員会はやや活発度が低下する傾向が見られました。これは事業者型安全衛生委員会は決定権は強いものの、場合によっては活動を押さえる場合があることを示唆しています。

キーポイント 5 複数の事業場を持つ企業では、事業場間の安全衛生管理の格差をなくすこと。

　複数の事業場を持つ企業では、企業としての安全衛生方針を徹底するため、あるいは事業場間の安全衛生管理の格差をなくすため、各事業場ごとに法定の安全衛生委員会の設置に加え、本社等に全社的な中央安全衛生委員会が設置されています。中央安全衛生委員会は法的な決まりはありませんが、法の趣旨を理解して安全衛生管理のレベルアップに役立つように組織する必要があります。

　中央安全衛生委員会は企業の安全衛生管理方針・計画・活動・規程等の審議、事業場の安全衛生委員会の活動報告・チェック等が主な機能であり、年数回開催されるのが通常の姿です。

事 例

　資料2では安全衛生委員会規程の中で、中央安全衛生委員会が明確に規定されています。

3. 下部組織

現 状

　図3は、事業場の安全衛生委員会の下部組織として設置される部・課単位の安全衛生委員会（職場安全衛生小委員会）等の設置状況を示しています。事業場規模が大きくなると下部組織を設置する事業場の割合が増加する傾向があります。

図3 下部組織の設置状況（複数回答）

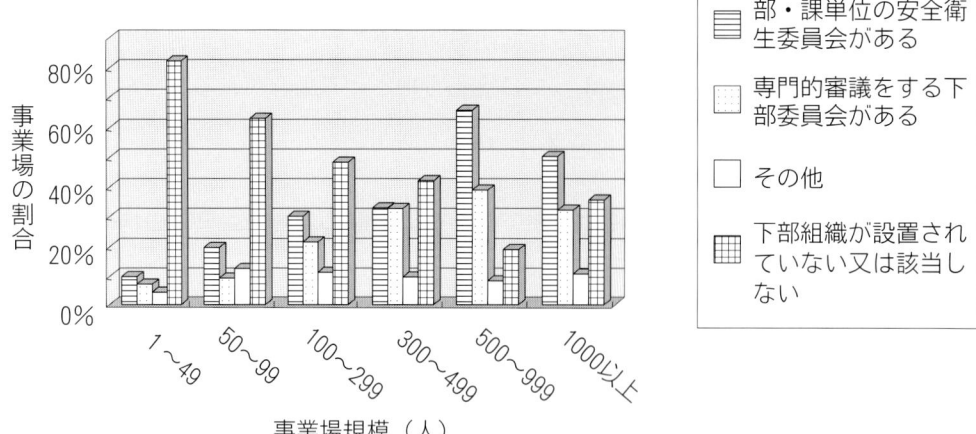

キーポイント6　安全衛生委員会の下に職場安全衛生小委員会や専門部会等の下部組織を設置すること。

下部組織は大別して次の二つの形があります。一つは職場安全衛生小委員会であり、もう一つは横断的な専門小委員会です。

職場安全衛生小委員会は職場内の安全衛生問題を具体的に検討し、その結果を事業場安全衛生委員会に提出することにより、具体的な検討が行えるとともに、事業場安全衛生委員会と職場との情報交換が容易になり、同時に安全衛生委員会の目的である労働者の意見を聞くことが容易になります。

専門小委員会は、たとえばフォークリフトやクレーンのような共通した課題を持っている職場から専門小委員会の委員を出し、専門的な見地から課題を深く掘り下げて実効ある対策等を検討します。あるいは健康づくりや快適職場づくり等各職場に共通した課題を検討する場合もあります。

前者では職場から参加している安全衛生委員がリーダーとなり、後者はその課題に精通している責任者がリーダーとなります。

事　例

資料4は職場安全衛生小委員会規程の例であり、事業場安全衛生委員会の下に部安全衛生委員会および課安全衛生委員会が設置されていることがわかります。

資料5は専門小委員会の例であり、ここでは職場にいるすべての労働者がいずれかの小委員会（班）に属することにより、全員参加の形で安全衛生活動に参加するようになっています。

4. 構内協力企業の参加

現状

図4は構内協力企業の親会社の安全衛生活動への参加形態を示しました。親会社の安全衛生委員会に参加しているケースが18.6%、下部組織に参加しているケースが11.0%でした。またその他では構内協力企業同士が集まって活動する安全衛生協議会組織が多く見られました。

図4　構内協力会社の親会社の安全衛生活動への参加形態（複数回答）

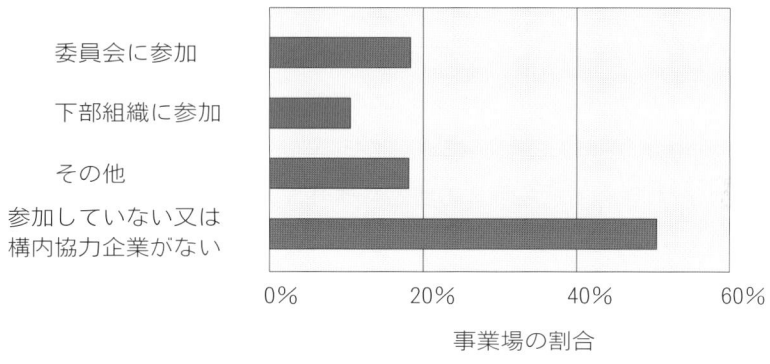

一般的に構内協力企業の参加形態は次の2つに分類されます。

1）親会社の安全衛生委員会に参加する場合

構内協力企業が親会社の安全衛生委員会に直接参加する形です。連携が取りやすい長所もありますが、法で示された安全衛生委員会の趣旨と異なるところが多いため、合意事項の議決には参加しないオブザーバー的な位置づけが一般的です。

2）親会社の下部組織に参加する場合

フォークリフト等の運搬業務や保全業務を担当している構内協力企業は、横断的な専門小委員会に参加することにより、よい連携が可能になっています。

キーポイント7　構内協力企業を親会社の安全衛生委員会活動に関与させること。

構内協力企業が親会社の安全衛生活動に関与することは、親会社と構内協力企業の安全衛生に関する連携が密接になるとともに、親会社から示される安全衛生施策をスムーズに伝達することが可能になります。

事例

資料6では、事業場安全衛生委員会の下部にある職場別下部組織（安全懇話会）に構内協力企業から多くのメンバーを参加させています。

第3章　安全衛生委員会の委員数

　安全衛生委員会活動をより活発化するためには、すべての職場の労働者の意見が安全衛生委員会で反映するように安全衛生委員を選出することや、委員に対する教育等により安全衛生委員の資質向上を図ることが効果的です。

1. 議長の職位

現状

　安全衛生委員会の議長は労働安全衛生法で、「総括安全衛生管理者又は総括安全衛生管理者以外の者で当該事業場においてその事業の実施を統括管理する者若しくはこれに準ずる者から事業者が指名した者」となっています。

　図5は安全衛生委員会の議長の職位を示しています。安全衛生委員会の議長の職位は、「事業場の最高責任者又は総括安全衛生管理者」と「これらに準じる者」で87.5％を占めていました。

　図6は議長の安全衛生委員会への出席状況を示しています。議長の安全衛生委員会への出席状況は、「必ず出席」が83.6％、「時々代行者が出席」が15.2％の事業場であり、高い出席率を示しました。

図5　安全衛生委員会の議長の職位

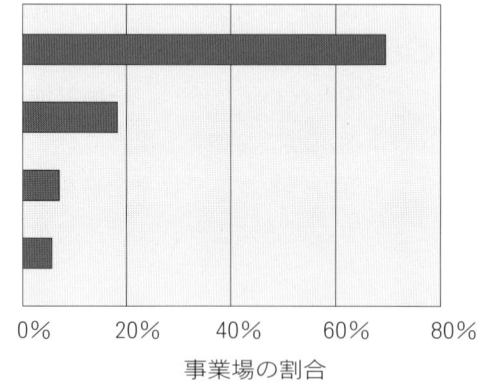

図6 議長の安全衛生委員会への出席状況

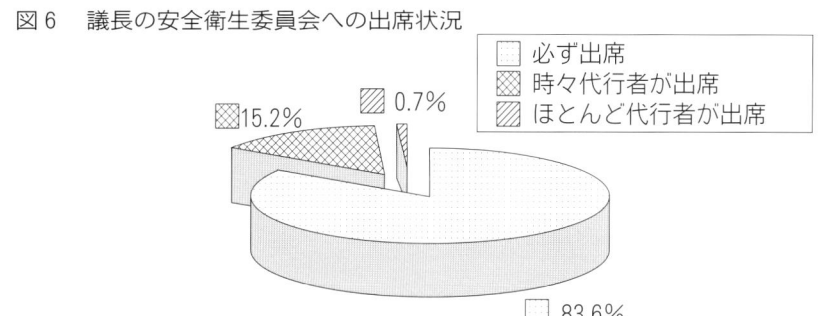

キーポイント 8 議長は事業場の統括管理者を任命すること。

　安全衛生管理責任は事業者にあるのですから、事業場の重要組織である安全衛生委員会の議長は、当該事業場においてその事業の実施を統括管理する者若しくはこれに準ずる者から任命され、責任者として強い行動力を示すことが大切です。

2. 安全衛生委員会の委員数

現状

　安全衛生委員会の委員数は法的には示されてはいませんが、事業場規模、作業の実態に即し適宜に決定することになっています。それだけに、安全衛生委員会の運営にとって委員数を決定することは一つの課題です。

　図7は安全衛生委員数の分布状況を示しています。安全衛生委員数は、「11～15人」を中心として、5人以下から50人以上と大きな幅があります。また中小企業では全従業員を

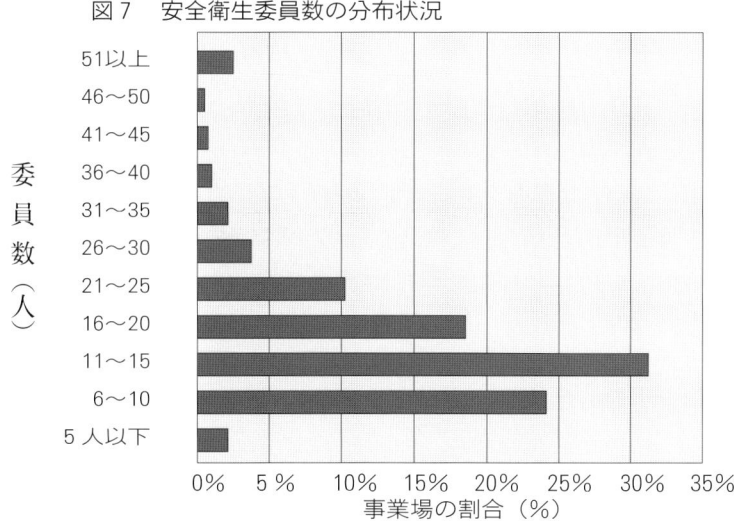

図7 安全衛生委員数の分布状況

安全衛生委員とする全員参加型の場合も見られました。

特に委員数と事業場規模との間には明確な相関はありませんでした。

キーポイント 9 すべての職場の意見が反映されるように安全衛生委員を選出すること。

事業場規模により適正な委員数を決めることは困難ですが、安全衛生委員は職場の代表者とすべきであり、また基本的には安全衛生委員会ですべての職場の意見が反映できるように安全衛生委員を選出することです。

ヒアリング調査でもすべての課から安全衛生委員を選出する方針が示されている場合や、反対に安全衛生委員会の権限を強くして、少数の安全衛生委員により徹底して審議を行うケース等が見られました。

3. 安全衛生委員の資質

現　状

事業者は安全管理者、衛生管理者、産業医および安全あるいは衛生に関しての経験を有する者等を安全衛生委員として指名することが労働安全衛生法で定められています。

安全管理者等で構成された安全衛生委員会で委員が積極的に発言できるようにするためには、委員会の雰囲気も大切ですが、委員は安全衛生に関する知識を持っていなければなりません。しかし、現実にはすべての委員がその資質を備えているわけではありません。

キーポイント 10 安全衛生委員は安全衛生に関する知識を持った委員で構成すること。

事業者としては安全衛生委員に対して安全衛生教育を行い資質の向上を図ることが必要です。また、委員は安全衛生委員であることの高い認識をもって参加することです。

4. 事務局

現　状

表3は安全衛生委員会の事務局を担当する部門を示しました。全事業場でみると、事務局は安全衛生担当部門と人事総務部門がほぼ同率となっています。事業場規模別にみると、大企業では安全衛生担当部門が、中小企業では総務人事部門が担当する率が高くなっています。

表3　安全衛生委員会の事務局を担当する部門

事業場規模（人）	安全衛生担当部門	人事総務部門	その他
1～49	36.4%	52.3%	11.3%
50～99	43.4%	43.4%	13.2%
100～299	41.4%	53.4%	5.2%
300～499	33.3%	59.5%	7.2%
500～999	65.3%	32.7%	2.0%
1000以上	71.4%	21.4%	7.2%
全事業場	45.5%	46.5%	8.0%

キーポイント 11 事務局はできるだけ安全衛生に精通しているものが担当すること

安全衛生委員会の事務局員は、専門性・行動力・コミュニケーションの形成等の資質をそなえていることが大切です。

第4章　審議事項の選定

安全衛生委員会が効果的に活動するためには、事業場の安全衛生ニーズに一致する適切な審議事項を選択することが必要です。これができて初めて、安全衛生委員会は事業場の安全衛生管理に大きな貢献ができます。

1. 情報の収集

現状

安全衛生委員会活動を効果的なものにする一つに情報の収集と活用があります。
　実際、各事業場でも多くの情報が収集されていますが、それらの情報の正しい活用となると、まだ多くの問題を抱えています。

キーポイント 12 内外の必要情報を収集し、整理すること。

　適切な議題の選定、効果的な安全衛生対策の立案には、事業場内はもちろん、関係団体、行政機関、社会一般の情報を収集し、自己の事業場で活用することができる形に整理・分析し、具体的な案にすることです。
　そのためには次の点に留意する必要があります。
・事業場に関係が深い情報は何か。
・情報に対し、事業場は十分対応しているか。
・立案した内容は新しい課題に満足するものになっているか。
　情報は数限りなくあります。それらを整理・分析し、必要なものを活用することが大切です。

2. 審議事項の選定

現　状

　安全衛生委員会が活発化していないという理由の一つに、「よい議題が見つからない」というのがあります。長い間安全衛生委員会を続けているといつの間にかマンネリ化に陥り、新しい議題が見つからないのが大きな理由です。
　図8は議題の提案者を示しています。安全衛生スタッフをはじめとして、総括安全衛生管理者、安全管理者、衛生管理者、労組側委員、会社側委員等広い範囲から議題が集められていることがわかります。
　表4は審議・報告事項の具体的テーマを示しましたが、非常に広い範囲のテーマが対象になっています。テーマを回答の多かった順に並べると、職場巡視、安全衛生委員会活動計画、労働災害、安全衛生管理計画、健康診断、安全衛生行事であり、この結果からみると安全衛生委員会活動と職場巡視が密接な関連を持っていることがわかります。また、大企業では健康の保持増進、安全衛生基準、事前審査等積極的なものが相対的に高いのに対し、中小企業では労働災害のような現実的なテーマが目立っています。

図8　議題の提案者（複数回答）

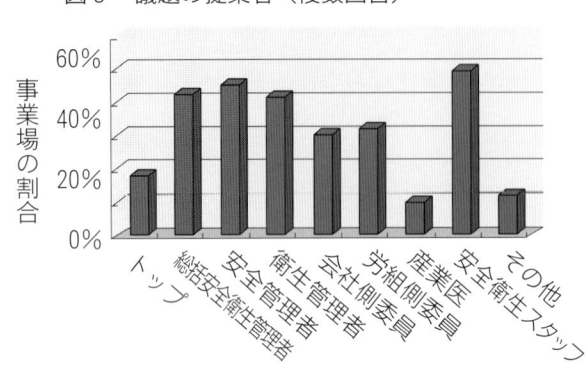

表4 安全・衛生委員会の審議・報告事項（複数回答）

審議・報告事項	1～49	50～99	100～299	300～499	500～999	1000以上	全事業場
事業場の安全衛生管理計画	70.5%	78.8%	79.7%	60.5%	81.6%	82.1%	77.0%
安全・衛生委員会活動計画	68.2%	77.8%	87.2%	79.1%	87.8%	64.3%	80.4%
安全衛生基準	22.7%	29.3%	44.4%	41.9%	59.2%	57.1%	40.8%
安全衛生管理体制	40.9%	55.6%	66.9%	53.5%	67.3%	71.4%	60.1%
作業環境測定	50.0%	61.6%	60.2%	79.1%	75.5%	67.9%	64.5%
健康診断	68.2%	74.7%	76.7%	76.7%	85.7%	89.3%	76.5%
健康の保持増進計画	38.6%	40.4%	51.9%	55.8%	67.3%	85.7%	52.1%
快適職場づくり	65.9%	63.6%	60.9%	65.1%	79.6%	75.0%	65.8%
安全衛生投資計画	13.6%	13.1%	18.0%	11.6%	24.5%	14.3%	16.4%
安全衛生教育計画	65.9%	50.5%	59.4%	58.1%	67.3%	78.6%	60.1%
安全衛生設備改善	56.8%	59.6%	57.1%	53.5%	71.4%	46.4%	58.2%
労働災害	65.9%	74.7%	78.9%	81.4%	71.4%	46.4%	78.5%
新規設備・材料の事前審査	9.1%	16.2%	28.6%	30.2%	36.7%	17.9%	24.2%
職場巡視	84.1%	77.8%	91.0%	83.7%	91.8%	71.4%	84.6%
行政機関からの指導・指示	45.5%	42.4%	66.2%	67.4%	69.4%	67.9%	58.4%
安全衛生行事計画	56.8%	71.7%	80.5%	76.7%	81.6%	92.9%	75.8%
その他	2.3%	2.0%	4.5%	4.7%	6.1%	3.6%	4.2%

キーポイント 13 多くの職場の安全衛生委員等から審議事項を収集すること。

　審議事項が事業場の安全衛生ニーズに対応するために、多くの職場の安全衛生委員等から審議事項を集めることが基本となります。

　そのためには、事務局を中心として各安全衛生委員とのコミュニケーションを高めながら積極的に行動することが必要です。

　また審議事項は、中央安全衛生委員会から提案される全社的テーマ、あるいは下部組織から提案される具体的テーマも大切です。

事　例

　資料7はある中小規模事業場で行われている安全衛生委員会事務局を中心とする、新設・改造設備導入時の事前審査ルールの事例です。

3. 審議事項と報告事項

現　状

　安全衛生委員会では、事務局からの報告事項として前回の審議結果、災害統計、健康診断結果等があり、また各職場からは安全衛生活動報告等があります。報告事項が多くあると審議事項に十分時間がとれないため、安全衛生委員会が報告事項で終わってしまう事業場もあります。

　図9は安全衛生委員会での議題である審議事項と報告事項の扱い方を示しました。

　「すべての安全衛生活動を審議・報告する」とした事業場は39.9％、「必要な活動のみ審議・報告する」とした事業場は22.5％でした。

図9　安全衛生委員会における審議・報告事項の扱い方

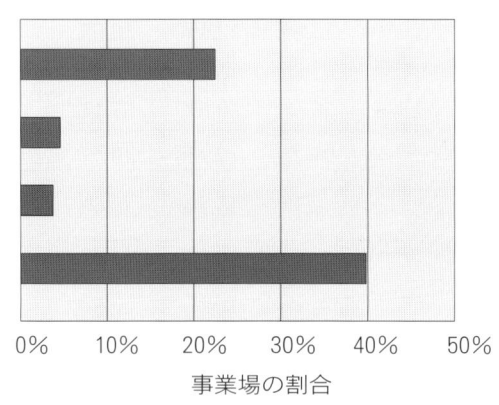

キーポイント 14　議題は審議事項と報告事項に明確に区分すること。

　安全衛生委員会は広いテーマを取り上げますので、限られた時間内で効果的に審議をするためには、議題は報告事項と審議事項が混在することによる時間のロスを防ぐために両者を明確に区分することが大切です。また、職場安全衛生小委員会等を活用し、職場内の安全衛生問題をより具体的で専門的に検討し安全衛生委員会に提案されることで、審議時間の短縮を図ることも有効な方法です。

第5章　安全衛生委員会活動計画の策定

　安全衛生委員会を効果的に運営するためには、安全衛生委員会の運営をその都度考えるのではなく、年間を通した活動計画を立て、中長期的な計画を策定することが必要です。

1. 年間活動計画

現状

今回のヒヤリング調査でも多くの事業場で様々な年間活動計画が作られています。

キーポイント 15 年間の安全衛生委員会活動計画を策定し計画的な運営を行うこと。

新しい年度がスタートする前に、年間活動計画を作成・承認し、それに基づいて安全衛生委員会活動を進めていくことが効果的です。

前にも述べたように適切な議題を見つけることに苦労する場合が多いものですから、年間活動計画を立てることは、安全衛生委員会の審議を年間を通して一つの流れの中で行えるという大きな利点があります。

年間活動計画の作成に当たっては次の点に注意する必要があります。

- 年度の方針および目標を明確にしておくこと。
- 事業場の安全衛生ニーズに対応したものであること。
- 適切なスローガンを設けて、組織に浸透しやすくすること。
- テーマだけでなく、具体的内容も示しておくこと。
- タイムスケジュールを明確にしておくこと。
- 中央安全衛生委員会の計画は総括的なものを、事業場の安全衛生委員会の計画はそれをより具体的にしたものを取り上げること。

事例

資料8、資料9では年度方針、スローガン、目標、具体的実施事項等が具体的、時系列的に組み立てられています。

資料10では目標が全社的、事業場別に示され、前年度の実績に対応した目標値が具体的に示されています。また計画書の中に評価欄を設けている点も大きな特徴です。

2. 主催行事

現状

安全衛生管理活動計画は事業場の安全衛生活動に基づくものですから、安全衛生委員会はこれらの活動の提案事項を審議し活動内容を評価する役割があり、事業場の安全衛生活動に側面から協力しながら活動することになります。

ところがこれとは別に安全衛生委員会が独自に、直接的に活動する場合があります。これが安全衛生委員会行事です。

図10は安全衛生委員会が主催する行事を示しました。安全衛生委員会行事として、職場

巡視が89.2％、安全衛生教育が61.9％、広報活動は55.5％の事業場で実施されています。また、安全衛生大会が24.4％の事業場で、安全衛生活動の大きな行事として実施されています。

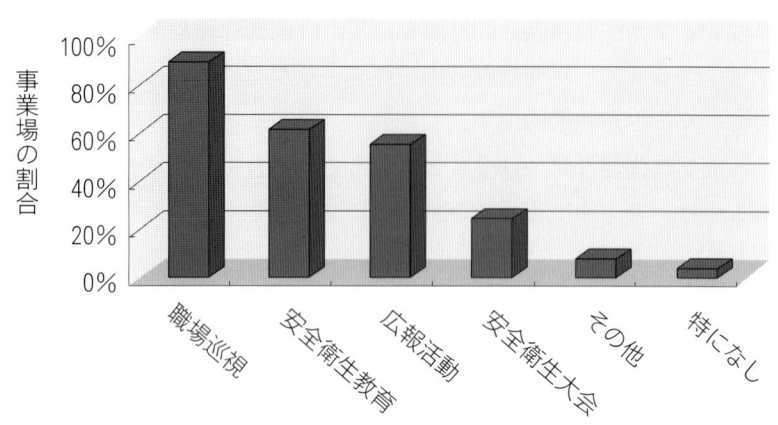

図10　安全衛生委員会の主催する行事（複数回答）

キーポイント 16　安全衛生委員会が主催する行事を行うこと。

　安全衛生委員会は事業場の安全衛生活動に直接的に関与することにより、事業場の安全衛生水準を高めると同時に、安全衛生委員会そのものを活発化することに役立ちます。
　安全衛生委員会が直接進める安全衛生委員会行事の特色は、次のようなものです。

●職場巡視

　職場巡視は、法的に定められている産業医、衛生管理者はもとより、種々の形で実施されています。安全衛生委員による職場巡視は、安全衛生委員会開催前に定例的に行うことで、安全衛生委員会での審議を活発化させることができるとともに、審議をより具体的に行うことができる点に大きな効果があります。

●安全衛生教育

　安全衛生管理についての知識は一部のスタッフや安全衛生委員だけでなく、すべての関係者が身につけていなければなりません。そのためには安全衛生委員会活動計画に基づき安全衛生教育を実施することが重要です。

●広報活動

　安全衛生委員会の合意事項や行事内容は、すべての職場の人たちに正確に伝えなければなりません。

●安全衛生大会

　定期的に行われる安全衛生大会は、事業場の安全衛生活動の総まとめとして大きな盛り上がりを呼ぶことができます。安全衛生委員会がこのような安全衛生大会を主催することは、事業場内に安全衛生委員会の存在をアピールできる大きなチャンスになります。

第2編　実　施

第1章　安全衛生委員会の運営

　安全衛生委員会は事業場の安全衛生問題を、労使一体となって審議する機関ですから、安全衛生委員が会議の席上で初めて審議事項を眼にするようでは、効果的な審議を行うことは期待できません。おそらく安全衛生委員は審議事項の説明を受け、内容を理解するのに精一杯で、審議事項に対し、十分な意見を言うことはできません。安全衛生委員会の審議が不活発になりやすい背景は、実はこんなところにあるのです。

　安全衛生委員会の議長は、事業場における安全衛生の責任者の立場ですから、安全衛生委員会の運営に当たっても、安全衛生に対する大きなポリシーを持って臨むことです。

　また、安全衛生委員会の運営は、安全衛生委員だけで行われるものではありません。事業場で働く全員の総意で行われることが重要です。安全衛生委員の出席率が高いことはもちろんですが、各安全衛生委員は積極的に発言することが重要です。

　事務局は安全衛生委員会を効果的に進行するため、事前に資料を準備し、議長その他の関係安全衛生委員（議題の提案者等）との打ち合わせが大切です。また、安全衛生委員全員が出席できるよう対応策をとるなどの運営の役割を果たします。

1. 資料の準備

　安全衛生委員会の開催時に委員が会議の席上で初めて審議内容を目にするようでは、十分な審議を行うことは不可能です。

キーポイント 17　安全衛生委員会での資料（審議事項と報告事項）は事前に配布すること。

　資料は審議事項と報告事項とに分け、安全衛生委員会開催の1週間から3日前くらいまでに配布し、検討に十分な時間的余裕をもたせることです。事前配布により各安全衛生委員は必要事項を調べたり、職場の意見を聞くことが可能になります。開催当日に配布された資料では安全衛生委員の意見は職場の声を反映することができません。

2. 出席率向上策

現　状

　図11は安全衛生委員会への安全衛生委員の出席率を示したものです。安全衛生委員の出席率が「ほぼ100％出席」である事業場は36.2％あり、「80％以上出席」である事業場は55.7％でした。両者を併せると「80％以上出席」が91.9％となります。

　もちろんこれは偶然的なものではなく、種々の出席率向上策の成果と考えられます。

表5に事業場が安全衛生委員会への出席率を向上させるために講じている措置を示しました。安全衛生委員会の開催日を年間を通して決めている事業場は、事業場の規模が大きくなるとその割合が高くなる傾向がありました。

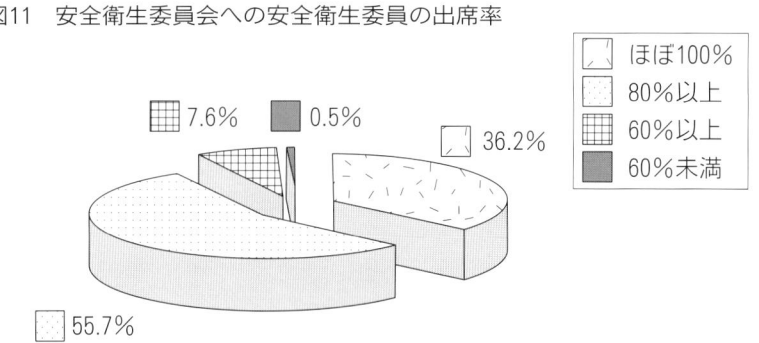

図11　安全衛生委員会への安全衛生委員の出席率

表5　事業場が講じている出席率向上策（複数回答）

事業場規模（人）	開催日を年間を通して決める	委員会終了時次回日時を決める	毎回開催を通知する	出席を電話で督促する
1～49	27.3%	18.2%	56.8%	4.5%
50～99	28.3%	15.2%	66.7%	15.2%
100～299	44.4%	17.3%	72.2%	19.5%
300～499	25.6%	18.6%	72.1%	20.9%
500～999	53.1%	26.5%	67.3%	38.8%
1000以上	60.7%	25.0%	89.3%	10.7%
全事業場	38.4%	18.8%	69.4%	18.1%

キーポイント 18　安全衛生委員の出席率が向上する対策を行うこと。

- 安全衛生委員の職務を規程で明確にする。
- 議長が出席を要請する。
　　議長は、安全衛生委員の認識を高めさせ、出席を促すことです。
- 年間を通じて開催日を決定する。
　　毎月の特定の曜日、時間を安全衛生委員会の開催日として決め、各安全衛生委員の日程を優先して押さえておく方法です。e-mailの活用もあります。
　　この場合でも安全衛生委員会の開催通知は、その都度事務局から安全衛生委員会の資料の配布と併せて行うことが大切です。
- 所属長経由で開催通知を行う。

安全衛生委員は自己の業務を持っていますので、忙しさに紛れて欠席することも多くなりがちです。そのため開催通知を所属長を経由して行います。
- 各安全衛生委員に職場の意見の報告を義務づける
　　安全衛生委員に毎回職場の意見の報告をさせるやり方です。安全衛生委員は、ノルマを持つことになりますので出席率は高くなります。
- その他
    - 出席簿をつけて公開する。
    - 向上策とはいえませんが、労働組合役員が参加する安全衛生委員会は出席率が高い傾向があります。

3. 事前打ち合わせ

現 状

　図12は議事進行に関する事務局と議長との事前打ち合わせの実施状況を示したものです。ほぼ事業場規模に比例して「常に実施」と回答した事業場が多くなっていることがわかります。

　また、図13は議事進行に関する事務局と議長との事前打ち合わせの実施状況と活発度別の関係を示しました。「安全衛生委員会活動が活発」と答えた事業場では、事務局と議長との事前打ち合わせを「常に実施」する事業場が46.8%あり、「実施せず」は10.6%でした。

　「安全衛生委員会活動が不活発」と答えた事業場では、事務局と議長との事前打ち合わせを「常に実施」する事業場が34.3%あり、「実施せず」は22.9%でした。

図12　安全衛生委員会の議事進行に関する議長と事務局の
　　　事前打ち合わせの実施状況

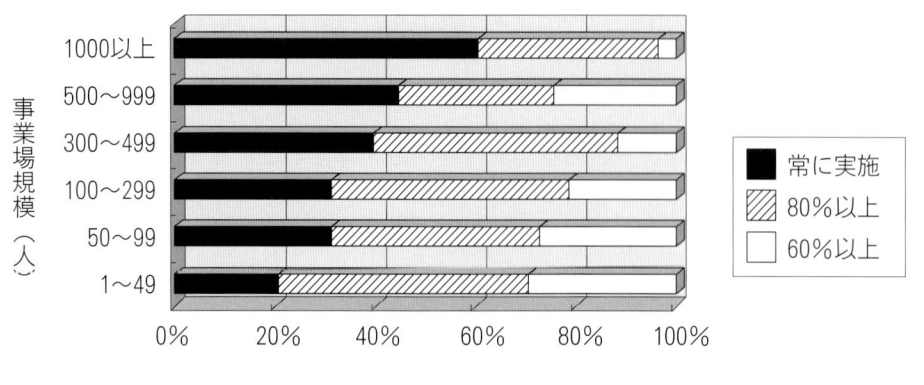

図13　議事進行に関する議長と事務局の事前打ち合わせの実施状況と活発度別の関係

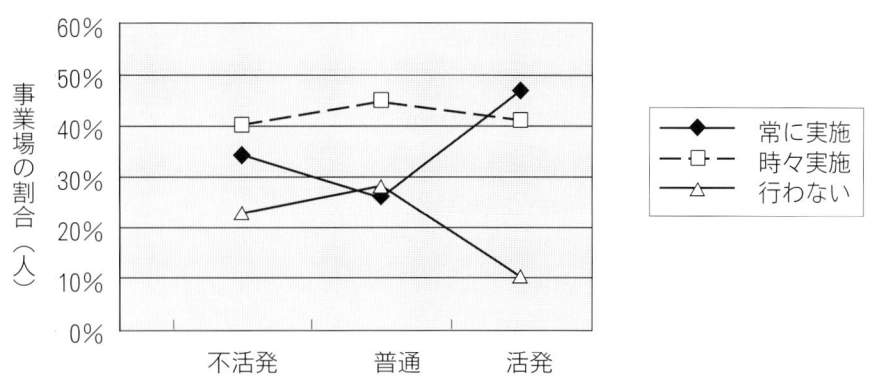

キーポイント 19　安全衛生委員会開催前に、事務局は議長および関係者等と事前打ち合わせを行うこと。

　事務局は議長との打ち合わせは特に大切で、当日の審議事項である提案内容に関し、安全衛生委員会の責任者である議長の十分な理解を得ておかなければ、効果的な審議を行うことができません。
1）議長および労組との事前打ち合わせを行う。
2）事務局が安全衛生委員と事前打ち合わせを行う。
3）労組が独自に事前打ち合わせを行う。

事　例

　資料11は安全衛生委員会開催前の事前打ち合わせに関する申し合わせ書の例であり、事務局と議長、労組との事前打ち合わせが取り決められています。

4. 議長の役割

現　状

　図14は安全衛生委員会の進行役の職位を示しています。全事業場では、進行役は事務局が45.7％ともっとも高く、ついで議長の37.4％、安全衛生部署の長が14.2％の順でした。
　これを規模別に見ると中小企業では議長が強いリーダーシップをとり、中規模以上の事業場では事務局が高く、特に大企業では安全衛生部署の長が進行役となる傾向が見られました。これは専門スタッフがいない中小企業ではトップダウンで安全衛生管理が進められていることと、大企業では専門組織が置かれていることが背景にあります。

図14 安全衛生委員会の進行役の職位

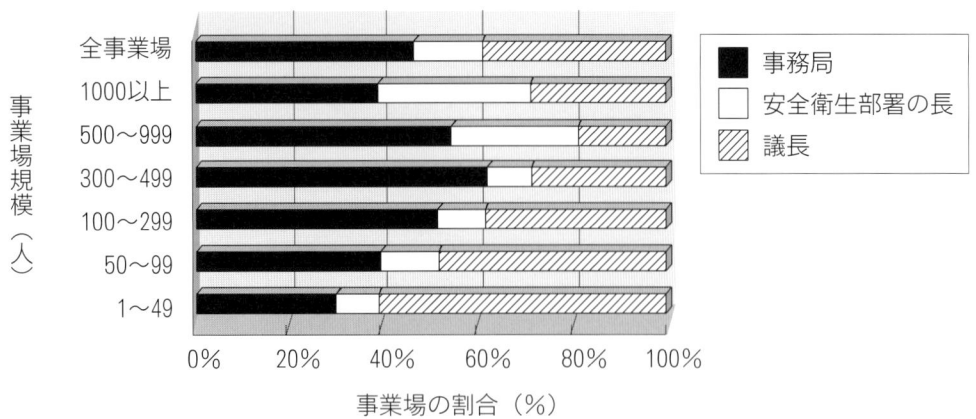

キーポイント 20 議長が積極的にリーダーシップをとること。

　ヒアリング調査では、進行役の選定方法のユニークなケースとして、すべての委員が輪番制で進行役となるケース（**資料12**）や、上級管理者が交代で進めるケース等がありました。

　進行役がいずれの職位にせよ、議長は事業場の総括管理者として、積極的に安全衛生委員会を運営することが大切です。ここでいう積極的とは、安全衛生委員会を独断で進める意味ではなく、安全衛生委員会の機能を十分に理解した上で、安全衛生委員会が委員の積極的な参加の下でその目的を十分に果たせるように運営することです。

5. 事務局の役割

現　状

　安全衛生委員会の事務局の役割は、議長を補佐し委員会の運営をスムーズに行うため、委員会開催準備として審議・報告事項の整理、起案文書・資料作成、報告・提案事項の説明資料、議事録の作成等多くの仕事をしなければなりません。

キーポイント 21 事務局はよいコーディネート機能を発揮すること。

　事務局の重要な業務は、安全衛生委員会の準備・運営・フォローを全体的にコーディネートすることです。

　事務局の業務は多彩であり、主なものをあげると次のようになります。

・内外の情報の収集と整理
・事業場の安全衛生ニーズの把握
・ニーズに対する安全衛生計画案の立案

- 審議・報告事項の整理と資料作成
- 開催通知の配布
- 議長等との事前打ち合わせ
- 審議・報告事項の説明および質疑への対応の資料作成
- 安全衛生委員会の議事録の作成および配布
- 合意事項の関係部門への広報
- 安全衛生活動の実施状況の調査
- 安全衛生委員会活動の評価の資料作成
- 安全衛生委員会運営に関する規程類の管理等

6. 委員の発言

現状

図15は安全衛生委員会における委員の発言状況を表したものです。「ほぼ全員が発言する」とした事業場が53.5%あり、「限られた委員が発言する」が38.4%、「議長・事務局ペース」は6.8%となっています。

また図16は安全衛生委員会における委員の発言状況と活発度別の関係を示しています。「安全衛生委員会活動が活発」な事業場では、委員の発言状況として「議長・事務局ペース」は低いのに比べて、「ほぼ全員が発言する」は高くなっています。

図15　安全衛生委員会における委員の発言状況

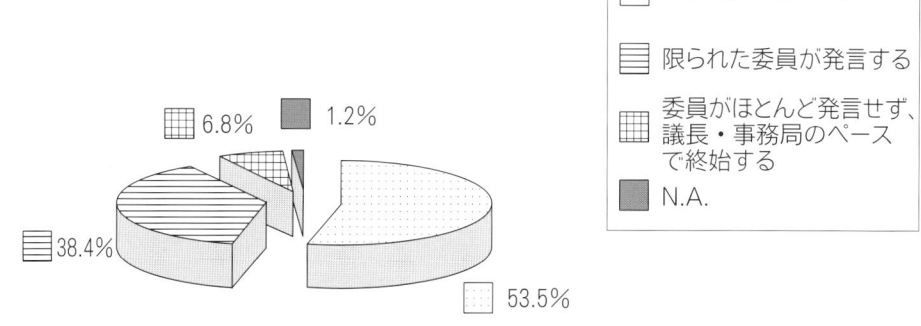

図16　安全衛生委員会における委員の発言状況と活発度別の関係

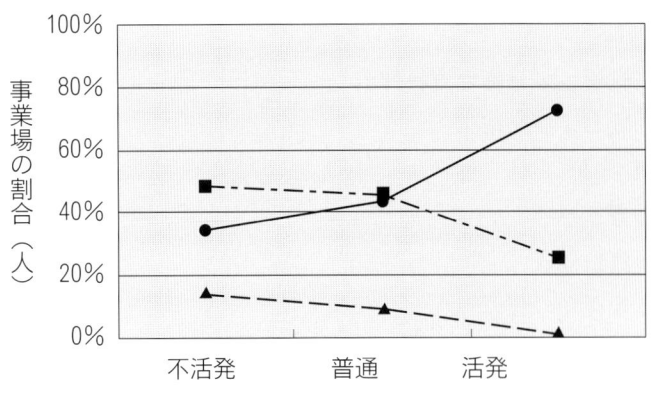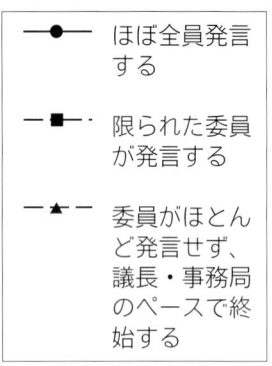

キーポイント 22 　全安全衛生委員が積極的に発言すること。

　委員が積極的に発言するようにするためには、次のような工夫が必要です。
- 安全衛生委員全員が毎回職場報告を行う。
- 月間テーマを決め、全安全衛生委員が実施状況を報告する。
- 労働組合が事前打ち合わせを行い、意見を集約している。
- 議長が積極的に委員に発言を促す。

7. 安全衛生委員への教育

現　状

　表6は安全衛生委員に対する教育の実施方法を示したものです。教育方法は内部研修が28.1%、外部講習への派遣30.8%が主なものになっています。

　図17は安全衛生委員に対する教育の実施方法と活発度別の関係を示しました。

　安全衛生委員に対する教育を「実施せず」と回答した事業場は活発度が低くなるのに対し、何らかの教育を実施したところでは活発度が高くなる傾向が見られました。

　ただしこの教育は必ずしも安全衛生委員のみを対象としたものとは限らず、階層別教育等安全衛生委員を含めた広い範囲の教育も含まれています。

表6　安全衛生委員に対する教育方法（複数回答）

事業場規模（人）	定期的に内部で実施	外部研修に派遣	自己啓発支援	実施せず
1～49	29.5%	40.9%	6.8%	25.0%
50～99	29.3%	30.3%	19.2%	28.3%
100～299	27.8%	32.3%	21.1%	25.6%
300～499	25.6%	37.2%	14.0%	32.6%
500～999	28.6%	20.4%	26.5%	30.6%
1000以上	14.3%	17.9%	25.0%	53.6%
全事業場	28.1%	30.8%	19.1%	29.1%

図17　安全衛生委員に対する教育方法と活発度別の関係（複数回答）

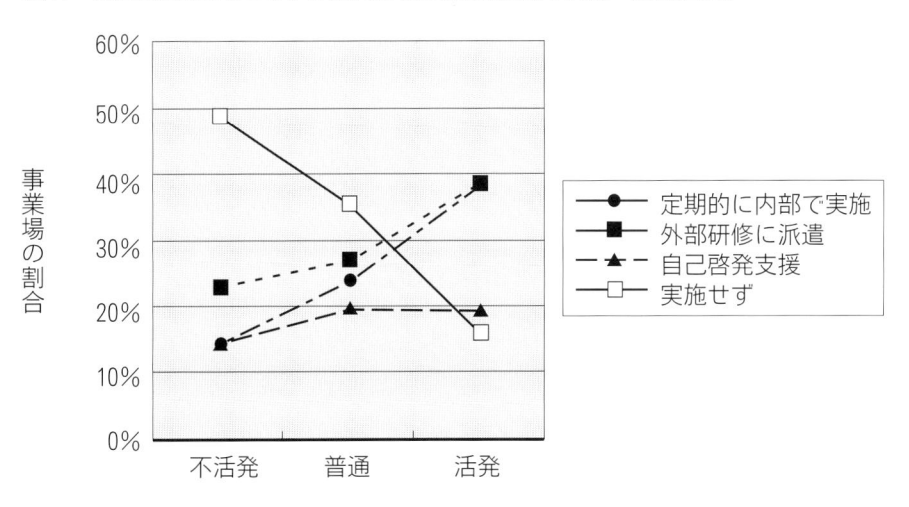

キーポイント 23　安全衛生委員に対して教育を行うこと。

　安全衛生委員会において内容のある審議を行うためには、安全衛生委員が必要な安全衛生管理の知識を備えていることです。そのため、安全衛生委員を対象とした安全衛生教育を行い、安全衛生委員会のレベルアップを図ります。

現　状

　ヒアリング調査では、委員の交代時に安全衛生スタッフにより安全衛生委員研修を行うケースや、労働組合の依頼により組合側安全衛生委員に労働安全衛生法の研修を行うケースが見られました。

8. 全員参加

キーポイント 24 事業場の全員が参加できる運営を行うこと。

　ヒアリング調査の際に、安全衛生委員会活発化のキーワードを3つ挙げてもらったところ、第1位はトップのポリシーで68％、第2位は全員参加および広報・伝達機能で、ともに48％でした。

　ここでいう全員参加とは、すべての労働者が安全衛生委員会活動に直接的に参加することに限らず、各安全衛生委員が職場の全員に意見を聞き集約し、安全衛生委員会の席でその意見を反映させること、および安全衛生委員会の合意事項や行事内容を全員に伝達し、参加させるという意味です。具体的な方法としては以下の事例があります。

- 安全衛生委員会およびその下部組織（課安全衛生委員会等）に参加する組織を設置している。
- 課安全衛生委員会の下に専門部会をおき、全員を参加させている（**資料6参照**）。
- 月間安全衛生委員制度により、全員を交代で任命している。
- 班ごとに安全衛生推進委員会を設置し、全員を参加させている。
- 職場の提案を積極的に吸い上げている。
- 小グループ単位の安全衛生活動事例発表会を開催している。

第2章　安全衛生委員会の事後措置

　安全衛生委員会において、審議事項の何が議論され合意された事項かの議事録を各部門に広報することは、安全衛生委員会の存在、活動状況を知らせるとともに全員に安全衛生委員会への関心をも深めます。

　安全衛生委員会における合意事項は、安全衛生活動計画等に十分反映される等の実行が伴うことが大切です。実行が伴わない安全衛生委員会では、各委員の意欲の低下を招く等により安全衛生委員会の活発化を望むことは困難なのです。また、合意事項の実施手続きを決める際には、実施担当部署を明確にすることです。

　「安全衛生委員会は審議機関だから、合意事項であっても必ずしも実施する必要はない。」という声を聞くことがあります。しかし、安全衛生委員会の合意事項は会社側委員と労働組合側委員が、議長である事業場の総括管理者のもとで真剣な審議を行い、合意に至った事項ですからそれだけに重みを持っています。

　なお、このように重みのある合意事項による安全衛生対策でも、対策費が高額になる等により直ちに実施できない場合もあります。

1. 議事録の作成

キーポイント 25 審議事項の結論は明確にすること。

　安全衛生委員会での審議事項に対する合意事項は、結論を明確に記録しておかねばなりません。議事録は事務局員の覚え書きではなく、労使により運営される安全衛生委員会の公式記録です。したがって議事録は議長および労組代表等、関係委員の承認および捺印を受ける必要があります。

2. 議事録の配布先

現　状

　図18は安全衛生委員会の議事録の配布先を示しました。安全衛生委員に配布している事業場は74.3%ともっとも高く、部課長（38.4%）、事業所長（36.7%）、労働組合（22.5%）の順でした。

　特に、事業所長や各部課長に議事録が配布されないところが予想以上に多かったことは、安全衛生委員会活動の内容を事業場の各部門が知らないことも考えられます。安全衛生委員会の活動が、事業場の中で認識されにくいことはこんなところに原因があります。

図18　安全衛生委員会の議事録の配布先（複数回答）

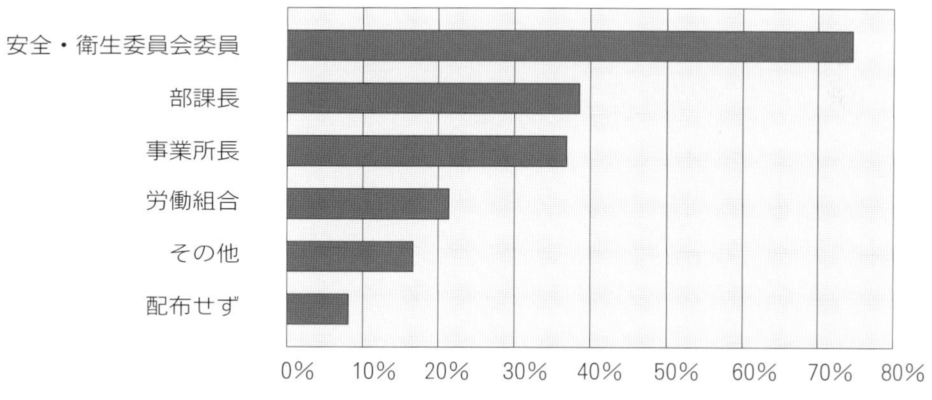

キーポイント 26 安全衛生委員会の議事録の内容は必要な部署に確実に伝達すること。

　安全衛生委員会の議事録の配布先は安全衛生委員はもちろん、配布すべきすべての部署に確実に配布することが必要です。議事録内容は安全衛生委員だけが知っているだけでは不十分なのです。

3. 合意事項の実施率

現　状

　図19は安全衛生委員会での合意事項の実施率を示しました。「合意事項の実施率が70％以上」の事業場は83.4％あり、「合意事項の実施率91～100％」の事業場は37.7％と高値を示しています。

　図20は安全衛生委員会での合意事項の実施率と活発度別の関係を示しました。「安全衛生委員会活動が活発」な事業場では「合意事項の実施率91～100％」が最も多く、「安全衛生委員会活動が不活発」な事業場との間に大きな差がありました。

図19　安全衛生委員会での合意事項の実施率

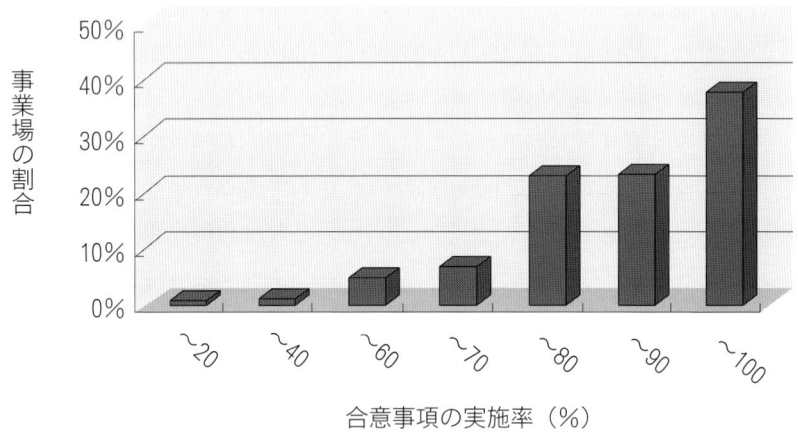

図20　安全衛生委員会での合意事項の実施率と活発度別の関係

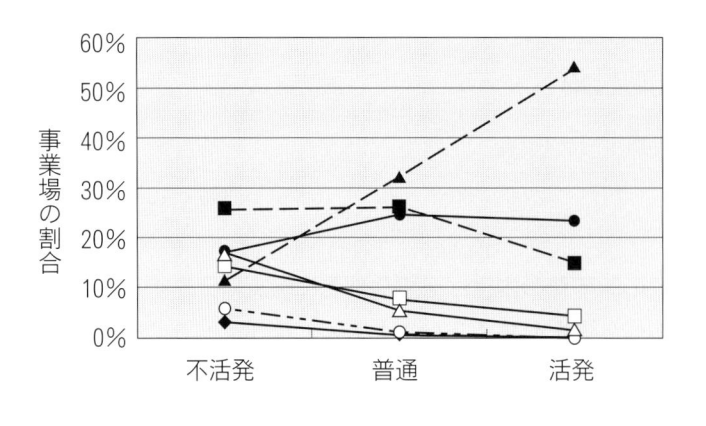

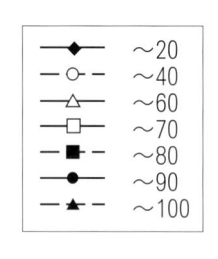

キーポイント 27 事業者は安全衛生委員会における合意事項は極力実施すること。

　安全衛生委員会での合意事項の実施は本来、安全衛生委員会が直接行うべきものではありません。安全衛生委員会の合意事項は事業者に報告され、事業者が意志決定をした上で、事業者の責任において実施されるものです。

　現実的には、安全衛生委員会の席上で議長より実施の意志表示がされる場合もあります。しかし、これは安全衛生委員会が意志決定したものではなく、議長である事業場の総括管理者の意志決定により、実施が決定されていることになります。

4. 安全衛生対策の実施の流れ

現　状

　表7は安全衛生委員会で合意された安全衛生対策の実施手続きの方法を示したものです。

　「テーマにより安全衛生委員会が直ちに実施する。」という事業場が65.0％にも及んでいます。このように安全衛生委員会で審議され合意事項で直ちに実施できるものはその場で実施が決定されるケースでは、前述したように、議長である事業場の総括管理者の意志決定で実施が決定されるケースも含まれます。

　次に高いのが「安全衛生委員会が計画を作成する。」（46.0％）です。

　これらから見ると、調査審議機関である安全衛生委員会は、運営面では実質的な意志決定機能、実行機能を持っているケースが多いことを示しています。

　また「経営会議等で取り上げる。」という事業場が19.3％あり、いずれにしても委員会の合意事項が事業場内で重視され、直ちに実施準備に入るようになっています。

表7　安全衛生委員会で合意された安全衛生対策の実施手続きの方法（複数回答）

事業場規模（人）	安全・衛生委員会が計画を作成する	経営会議等で取り上げる	テーマにより安全・衛生委員会が直ちに実施する	その他
1～49	45.5%	18.2%	54.5%	15.9%
50～99	45.5%	17.2%	67.7%	11.1%
100～299	41.4%	21.1%	68.4%	20.3%
300～499	46.5%	18.6%	62.8%	20.9%
500～999	57.1%	18.4%	57.1%	22.4%
1000以上	42.9%	17.9%	71.4%	32.1%
全事業場	46.0%	19.3%	65.0%	18.3%

キーポイント 28 安全衛生委員会で合意された安全衛生対策の実施手続きの流れを明確にすること。

安全衛生委員会の合意事項を実施にまでつなげるためには、安全衛生委員会の機能を十分考慮しながら、適切な手順を踏む必要があります。

合意事項の実施手続きは次のようなケースが考えられます。

- 安全衛生委員会で合意事項の実施が決定され、直ちに実行に入る場合

　　前述したように、安全衛生委員会の席上で議長が事業場の総括管理者の立場から、実施の意志表示と実行に入る場合もあります。また、安全衛生委員会主催行事のように、安全衛生委員会が主導権を持つ内容についてはこのようなケースも考えられます。

　　なお、安全衛生委員会主催行事であっても事業場全体の協力を得るためには、事業者への報告および承認をとる必要があります。

- 安全衛生委員会で合意事項の実施計画案作成が指示される場合

　　上記と同様に、事業場の総括管理者の立場から、部下である管理監督者（安全衛生委員）に合意事項の実施計画案作成を指示していることになります。この場合は、安全衛生委員会は作成された実施計画案を審議し、チェックする立場になります。

- 安全衛生委員会の合意事項を、事業場として展開することを意志表示する場合

　　これが通常の姿です。安全衛生委員会で合意された実施事項は、事業場として技術面、コスト面から最良策とは限りません。事業場の総括管理者は具体的な改善計画を各職制に検討させ、事業者責任で実施にはいることになります。

　　また大きなコストが必要な改善計画は、経営会議に申請し、承認を受けることが必要な場合もあります。

5. 合意事項実施時の担当部署

現　状

表8は安全衛生委員会での合意事項実施時の担当部署を示しました。合意事項の実施部署として「各部署の部課」という事業場が75.6％と最も多いです。これは、安全衛生委員会は審議機関であり、合意事項の実施は職制ラインで行うという安全衛生委員会の姿勢をよく示しています。

「安全衛生担当部門」が担当するという事業場は42.8％であり、特に大企業では専門部署を持っているため、この傾向が強く表れています。

一方、「安全衛生委員会」が担当するという事業場は29.6％、さらに「安全衛生委員会の下部組織」が担当する事業場は16.1％でした。

表9は安全衛生委員会の合意事項の実施に対する予算担当部署を示しました。予算担当部署として「各部署の部課」が持つ事業場は44.0％あり、「事務局」が持つ事業場は34.5

%、「総務経理部門」が持つ事業場が29.1%でした。前述したとおり、中小企業では総務人事部門が事務局を担当する事業場が多いことがわかりましたが、予算担当部署についても中小企業では総務経理部門が担当する傾向がありました。

表8　安全衛生委員会での合意事項実施時の担当部署（複数回答）

事業場規模（人）	安全衛生委員会	各部署の部課	安全衛生担当部門	安全衛生委員会の下部組織	その他
1～49	27.3%	54.5%	29.5%	6.8%	11.4%
50～99	39.4%	77.8%	25.3%	10.1%	4.0%
100～299	28.6%	78.9%	41.4%	18.0%	6.0%
300～499	20.9%	81.4%	55.8%	20.9%	4.7%
500～999	20.4%	83.7%	67.3%	26.5%	2.0%
1000以上	14.3%	60.7%	75.0%	21.4%	10.7%
全事業場	29.6%	75.6%	42.8%	16.1%	5.6%

表9　安全衛生委員会の合意事項の実施に対する予算措置担当部署（複数回答）

事業場規模（人）	安全衛生委員会	事務局	各部署	安全衛生部門	総務経理部門
1～49	18.2%	15.9%	18.2%	6.8%	43.2%
50～99	5.1%	34.3%	37.4%	5.1%	34.3%
100～299	3.8%	39.8%	44.4%	12.8%	28.6%
300～499	7.0%	41.9%	48.8%	14.0%	20.9%
500～999	2.0%	22.4%	63.3%	32.7%	24.5%
1000以上	0.0%	42.9%	57.1%	53.6%	10.7%
全事業場	5.9%	34.5%	44.0%	15.6%	29.1%

キーポイント　予算措置も含め、合意事項の実施時における担当部署を明確にすること。

対応策

　安全衛生委員会の合意事項の実施部署はその内容により、予算措置も含めて、各部署の部課、安全衛生担当部門、安全衛生委員会等を使い分けて明確にすることが必要です。

6. 合意事項に対するフォロー

　安全衛生委員会で審議されたすべての事項は、そのすべてが実施に至るとは限りません。審議結果は主に次のような形に分類できます。
- 議長が事業場の総括管理者の立場から、その場で実施が決定されるもの。
- 実施を前提として、議長が事業場の総括管理者の立場から、関係部門に実施計画の作成を指示されるもの。
- 実施を前提として、議長が事業場の総括管理者の立場から、職制ラインでの計画作成を約束するもの。
- 調査検討を行うことが合意されるもの。
- 計画を作成し、経営会議等の組織で検討することが意志表示されるもの。
- 即時の実施が困難なため、継続審議が決められたもの。
- 実施困難とされ、提案が否決されるもの。

　安全衛生委員会の合意事項で、実施することを前提として計画を作成しても、種々の要因で実施が不可能になったり、実施時期が大きく遅れる場合もあります。

キーポイント 30　安全衛生委員会は合意事項のフォローを行うこと。

　合意事項で実施計画がどのような状態になっているかを、事務局は常に調べて安全衛生委員会で報告することです。また、安全衛生対策の実施結果や、安全衛生パトロールの際の指摘事項に対する改善状況等は、毎回、事務局の報告事項に入れることです。

　安全衛生委員会の合意事項のフォローが不十分な安全衛生委員会活動は、結局委員会の活発度を大きく低下させてしまいます。

第3章　広報活動

　安全衛生委員会の重要な機能の一つに、広報・伝達機能があります。安全衛生委員会は事業場の安全衛生活動そのものを審議していますから、安全衛生委員会で合意された審議事項や安全衛生委員会主催行事等は、関係部門にいち早く、かつ全員に知らせることが重要です。

1. 広報機能

キーポイント 31　審議結果は関係部署にいち早く、かつ事業場の全員に伝達すること。

対応策

　前に述べた安全衛生委員会議事録の配布は、広報機能の面でも大きな意味を持ちますが、

そのほかにも安全衛生委員会の審議内容、合意事項等を有効に広報する方法がヒアリング調査の中で多く示されています。
  ・読まれやすくするために、議事録をＡ４に統一している。
  ・全職制に社内メールで送信している。
  ・掲示板に掲示して周知している。
  ・全員に回覧をしている。
  ・開催日を月末とし、翌日の月初安全衛生朝礼で、安全衛生担当が全員に報告している。
　このように安全衛生委員会活動は、安全衛生委員会ニュース、社内メール等の活用により、早く、広く伝えることが可能になっています。
　いずれにしても安全衛生委員会活動をすべての人たちに伝えることが大切です。

第3編　安全衛生委員会活動の評価・改善

厚生労働省の労働安全衛生マネジメントシステムが発表されて以来、我が国でも安全衛生活動に対する評価がされるようになってきました。
　安全衛生委員会活動の評価結果に基づき、十分な検証を加え、システムの見直しを行うことも、労働安全衛生マネジメントシステムでは重要視されています。

1. 安全衛生委員会活動の評価

現　状

　図21は安全衛生委員会活動に対する評価方法を示しました。安全衛生委員会活動の評価方法については、「活動評価書を作成」では5.4％と低いですが、「活動報告書を作成」では51.1％の事業場がありました。また評価を行っていないところは39.5％の事業場でした。
　安全衛生委員会活動の評価の重要性は、活発度別との関係でよく表れています。図22は安全衛生委員会活動に対する評価方法と活発度別の関係を示しました。活動報告書を作成している事業場は相対的に活発度が高く、反対に作成していない事業場では活発度が相対的に低い傾向が見られました。

図21　安全衛生委員会活動に対する評価方法（複数回答）

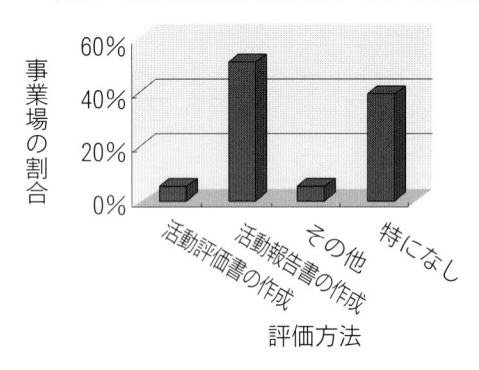

図22　安全衛生委員会活動に対する評価方法と活発度の関係（複数回答）

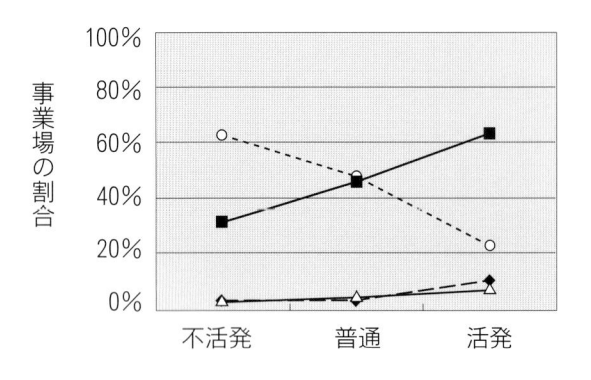

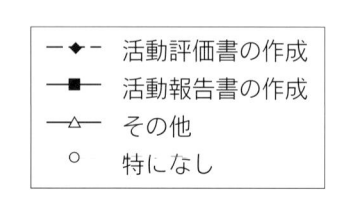

キーポイント 32 計画と実施結果を突き合わせて評価を行うこと。

評価は必ずしも安全衛生委員会活動に対するものだけではなく、事業場の安全衛生活動そのものに対する評価も含まれています。

安全衛生委員会が十分に機能しているかを評価し、その結果により見直しを行うことが必要です。

活動評価の具体的方法は、ヒアリング調査で種々の事例がありました。

事 例

- 年間計画に対し、実施状況を目標値とともに対比させる目標管理を行っている（**資料13**）。
- 月報の形で活動内容、実績等が毎月報告されている。
- 毎月職場ごとに活動報告書を作成、提出させている。
- 安全衛生委員会の席上で活動報告書を、労働組合側安全衛生委員に説明している。
- 月次目標、課別目標を設定し、定期的に報告させ、安全衛生委員の職場巡視によって確認している（**資料14**）。
- 年に1回本社安全衛生担当部門による監査を行っている。
- 月次目標を定め、定期職場巡視で活動状況を確認し、安全衛生委員会で報告している。
- 活動状況、改善状況を写真で掲示している。
- 月次目標を定め、年間計画、目標値、結果、判定、総括を行っている（**資料15**）。
- 課別に計画、実績を対比させ、全部長が副社長を含む責任者に対し、報告会を実施している（**資料16**）。
- 委員会の後で安全衛生担当者会議を開き、チェック・フォローを行っている。
- チェック・フォローのシステムを整備している。

2. 安全衛生委員会および安全衛生管理システムの見直し

キーポイント 33 評価結果に基づいて定期的に管理システムの見直しを行うこと。

安全衛生委員会活動や事業場の安全衛生管理活動は、目標どおりの結果を得られない場合もしばしば生じます。したがって活動に対して定期的に見直しを行い、その結果により適切な対応をとる必要があります。

見直しの方法については次のようなものがあります。

1）定期的に社内安全衛生監査を行う。

　監査委員会を設け、定期的に活動や結果について評価していきます。

2）安全／衛生担当者により、定期的に見直しを行う。

　計画の進捗状況、安全衛生実績等を点検し、必要なら対応策を検討します。

なお、見直される安全衛生計画などは、安全衛生委員会で審議することになります。
見直し結果によって判明する問題点は次のものがあります。
・安全衛生活動計画が事業場の安全衛生ニーズと一致していない場合。
・目標値が適切に設定されていなかった場合。
・活動の盛り上がりが不足する場合。
・活動に全員の協力が得られなかった場合。

このような問題点に対しては、その原因を追究し、適切な対応策を打たなければ、安全衛生委員会を効果的に運営することはできません。

第4編　まとめ

第1章　安全衛生委員会の活発化要因のまとめ

　以上の33のポイントが安全衛生委員会を活発化させる重要な鍵ですが、最後に事業場から回答のあった活発化の鍵をまとめてみました。

　表10はこれらをまとめた結果ですが、かなり分散しています。回答が多い順に、ベスト10を並べてみると次のようになります。

(1) 安全意識

　安全衛生委員会の活発化のためには、事業場全体の安全意識が高いことが前提になることはいうまでもありません。

(2) トップの認識

　労働者の安全と健康を確保するための安全衛生責任が、事業者責任であることを認識した、トップの姿勢が大切です。

(3) 改善実施

　安全衛生委員会は安全衛生活動に関する結果が出ることです。安全衛生改善を後押しする活動が活発化の鍵となります。

(4) 全員参加

　安全衛生委員会にはすべての労働者が参加することはできません。しかし全員が職場の声を伝え、安全衛生委員会活動に協力することです。

(5) 安全衛生委員の認識

　安全衛生委員会の活発化のためには委員全員が安全衛生委員であることの高い認識をもって参加することです。委員に対する教育もこれが目的になっています。

(6) 自由な発言

　すべての安全衛生委員が自由に活発な意見を出すようにするためには、議長をはじめ関係者の協力が必要です。

(7) ラインの意見重視

　安全衛生委員会は労働者の意見を聞く場でもありますから、ラインから出される意見に耳を傾ける努力が必要です。

(8) 議題の選定

　安全衛生委員会の議題は、事業場の安全衛生ニーズに適切に対応したものでなければなりません。

(9) 事務局のセンス

　安全衛生委員会の運営をサポートする事務局の役割は大きく、そのため能力、センスが必要とされます。

(10) 定期的開催

　安全衛生委員会は定期的に確実に開催することが基本です。

表10　安全・衛生委員会活発化のポイント（複数回答）

安全衛生委員会を活発化させる鍵となる項目	事業場規模（人）						
	1～49	50～99	100～299	300～499	500～999	1000以上	全事業場
安全意識	9.1%	14.1%	9.8%	2.3%	12.2%	7.1%	9.8%
トップの認識	6.8%	10.1%	7.5%	18.6%	8.2%	7.1%	9.0%
改善実施	11.4%	9.1%	7.5%	7.0%	6.1%	3.6%	8.3%
全員参加	4.5%	11.1%	8.3%	7.0%	0.0%	3.6%	7.3%
委員の認識	6.8%	6.1%	6.8%	4.7%	10.2%	14.3%	7.1%
自由な発言	6.8%	3.0%	7.5%	4.7%	0.0%	7.1%	5.1%
ラインの意見重視	2.3%	5.1%	5.3%	2.3%	6.1%	3.6%	4.6%
議題の選定	2.3%	1.0%	3.8%	4.7%	14.3%	3.6%	4.2%
事務局のセンス	0.0%	3.0%	3.8%	2.3%	6.1%	7.1%	3.4%
定期的開催	0.0%	2.0%	3.0%	7.0%	2.0%	3.6%	3.4%
管理者の意識	0.0%	3.0%	2.3%	4.7%	8.2%	0.0%	2.9%
安全衛生教育	4.5%	1.0%	1.5%	4.7%	10.2%	0.0%	2.9%
職場巡視	2.3%	0.0%	3.0%	4.7%	2.0%	3.6%	2.7%
脱マンネリ対策	2.3%	1.0%	2.3%	7.0%	6.1%	0.0%	2.7%
フォローアップ	2.3%	2.0%	2.3%	0.0%	6.1%	0.0%	2.4%
労使協調	0.0%	2.0%	1.5%	7.0%	2.0%	0.0%	2.2%
明確な方針	2.3%	1.0%	3.0%	0.0%	4.1%	0.0%	2.0%
資料の事前配布	0.0%	1.0%	0.0%	0.0%	4.1%	7.1%	1.5%
計画的運営	0.0%	1.0%	2.3%	0.0%	2.0%	0.0%	1.2%
管理システム	0.0%	1.0%	0.0%	0.0%	0.0%	7.1%	1.2%
議長出席率	0.0%	1.0%	0.0%	2.3%	4.1%	3.6%	1.2%
専任スタッフ	0.0%	1.0%	2.3%	0.0%	0.0%	0.0%	1.0%
予算の確保	0.0%	2.0%	1.5%	0.0%	0.0%	0.0%	1.0%
KYTの実施	0.0%	1.0%	0.8%	0.0%	0.0%	0.0%	0.5%
出席率向上	0.0%	0.0%	1.5%	0.0%	0.0%	0.0%	0.5%
その他	13.6%	9.1%	8.3%	4.7%	10.2%	3.6%	8.6%

第2章　ヒアリング調査における活発化のポイント

　表11はヒアリング調査を実施した25事業場の担当者に、安全衛生委員会の活発化のポイントを3点に絞って述べていただいたものを割合の高いもの順にまとめたものです。

(1)　トップのポリシー（68%）

　　やはり安全衛生委員会の活発化の最大のポイントは、トップのポリシーにあるようです。特に中小企業ではトップのポリシーに基づく、トップダウンによる進め方が活発化のための重要なポイントになっています。

(2)　広報・伝達（48%）

　　安全衛生委員会を事業場の労働者全員の活動にするためには、安全衛生委員会の活動がすべての労働者に確実に伝達されることです。

(3)　全員参加（48%）

　　前項と同じく労働者が直接的、間接的に安全衛生委員会活動に参加することは大切です。

(4)　活動の評価（32%）

　　安全衛生委員会活動および安全衛生活動は適切な評価を行うことです。特に、労働安全衛生マネジメントシステムでは評価が重視されています。

(5)　安全衛生教育（24%）

　　労働者、管理監督者等に対する安全衛生教育に力を入れ、事業場全体の安全衛生意識を高めることが大切です。

表11-1　ヒヤリング調査で事業場からあげられた安全衛生委員会活発化のポイントのまとめ（ベスト3項目）　No.1

「活発化のポイント」の項目		事業場規模（人）					総計	
		300人以上	小計	50～299人	小計	小計	総計	
企業経営	トップのポリシー	事業場のトップが安全衛生を最優先と考えている 安全第一の思想の定着（伝統） トップの安全意識	3	トップのリーダーシップ（5社） トップの姿勢―何事にも優先（4社） トップの決意の浸透 役員による確実な運営と実行 トップが強いリーダーシップを持っている トップからの安全衛生へのアピール ボトムアップからトップダウンへ	14		17 (68%)	
	親会社の指導			親会社の指導	1	1	1 (4%)	
	労使協調	労使協調	1	労組の積極的協力	1	1	2 (8%)	
教育・伝達	安全衛生教育	教育指導が徹底されている 教育（サポート、専門教育）の実施 管理者に対する安全衛生教育	4	設備の本質安全化の考え方が人にも浸透（2社）	2	6	6 (24%)	
	広報・伝達	決定事項の伝達（安全部署→部安全担当→部署） 上下左右のバランス（コミュニケーション）良好	2	ヒヤリハットノート設置による作業者の意識の向上（2社） KYT、タッチ＆コールの導入（2社） 広報活動（Mailの活用） KY活動の強化 問題意識をもたせる 上下による価値観の共有 全員朝礼による毎回報告 どんな小さい問題でも取り上げている	10		12 (48%)	
管理計画	プラン(P)	活動に計画性を持たせる	1	中長期・年度の目標設定と意識付け 毎月目標を設定 年間計画による進行	3		4 (16%)	
	実行(D)	対策の確実な実施	1	強い実行力を持って推進 決めたことを実行 活動計画の確実な実行 委員会の権限が明確で、決めたことを確実に実行	4		5 (20%)	
	評価(C)	担当者会議（委員会後）によるフォロー PDCAのサイクルが回っている 職場巡視・報告会によるフォロー チェック・フォローシステム 対策実施のフォロー	6	活動のフォローシステムの整備 委員会決定事項の実施状況フォロー	2		8 (32%)	

53

表11-2 ヒヤリング調査で事業場からあげられた安全衛生委員会活発化のポイントのまとめ（ベスト3項目）　No.2

「活発化のポイント」の項目	事業場規模（人）					総計
	300人以上	小計	50～299人	小計	総小計	
設備安全			設備及び作業改善の積極的提案と実行	1	1	1（4％）
職場巡視	職場巡視による指摘 職場巡視の繰り返し、声掛け	2	安全担当による毎日職場巡視 職場巡視による指摘	2	4	4（16％）
全員参加	社員の提言の吸い上げ 自発性を尊重し、信頼感を得る 全員が安全に参加する組織体制 全員が安全に参加する組織体制	5	安全・点検・確認活動強化 月間安全衛生委員による全員参加 協力会社を含めた全員参加による活動の推進 会社・協力会による表彰制度（意識付け） グループごとの活動事例発表 現場中心である 全員が安全に参加する組織体制	7	12	12（48％）
ライン化	安全衛生管理を職制ラインで推進する ライン管理の定着（スタッフ・ラインの連携） データを目に見える形でラインにドろす 少人数制による委員の意識向上	4			4	4（16％）
スタッフ強化	安全衛生活動をより現場に密着させるため各部課	1	安全スタッフによるノウハウの提供 専任の安全衛生スタッフ	2	3	3（12％）
合計		30 （9社）		48 （16社）	78	78（25社）

集約

1. 中小規模においてはトップの安全に関する認識の影響が特に大きい。(87.5%)
2. 大規模では安全衛生教育、中小規模では意志の伝達に力を置いている。
3. 中小規模ではPDCAの実行に、大規模ではチェック・フォロー体制による管理システムの整備に重点を置いている。(77.8%)
4. ライン化の努力は大規模で高く (55.6%)、スタッフの存在が表面に現れないようになっている。
5. 安全衛生活動に全員を参加させる努力はさまざまな形で行われている。

54

巻　末

資料1～資料16

資料1 「安全衛生委員会の目的、基本的機能」

「安全衛生委員会の目的」の事例（規程からの抜粋）

A社の場合

株式会社○○　安全衛生管理委員会規程

総　則

（目　的）
第1条　会社は、労働災害及び疾病の防止のほか、快適な作業環境の実現と労働条件の改善を通じて職場における作業員の安全と健康を確保するため、安全衛生管理委員会を設け、所定の事項を調査・審議させ、会社に対し意見を述べさせるものとする。

B社の場合

安全衛生委員会規程

第1章　総　則

第1条　（目　的）
　この規程は、安全衛生委員会の設置ならびに、運営に関して定める。この委員会は安全衛生に係る重要事項を審議し、従業員の災害防止、疾病予防ならびに健康増進をはかることを目的とする。

「安全衛生委員会の基本的機能」の事例（規程からの抜粋）

C社の場合

第3章　安全衛生委員会

（委員会の業務）

第17条　委員会は次の事項を審議する。

1. 従業員の危険及び健康障害を防止するための対策に関すること。
2. 労働災害の原因及び再発防止対策で安全衛生に係わるものに関すること。
3. 安全衛生の規程の作成に関すること。
4. 安全衛生教育の実施計画作成に関すること。
5. 健康診断の結果に対する対策の樹立。
6. 従業員の健康増進に関すること。
7. 作業環境測定結果の周知と対策。
8. 安全衛生についての調査及び改善に関すること。
9. 新規に採用する機械器具その他の設備、又は原材料に係わる危険及び健康障害に関すること。
10. 従業員より提案のあった事項。
11. その他安全衛生に関し委員長が必要と認める事項。

資料2 「中央安全衛生委員会と事業場安全衛生委員会の関係」

（安全衛生委員会規程の事例からの抜粋）

第2章　中央安全衛生委員会

第3条　委員会の名称

　　　この委員会は、○○中央安全衛生委員会（以下中央委員会という）と称する。

第4条　中央委員会の業務

　　　中央委員会は、次の事項を審議する。

　　1．安全衛生に関する基本方針
　　2．労働災害防止のための安全衛生に関する基本事項
　　3．その他安全衛生に関する重要な事項

第5条　中央委員会の構成

　　　中央委員会は、次の者をもって構成する。

　　1．中央委員会の議長は、安全衛生主管部署担当役員が、その任にあたる。
　　2．委員は、総括安全衛生管理者、産業医のほか議長が指名する者ならびに労働組合が推薦する者とする。
　　3．議長以外の委員は、労使同数とする。

第6条　中央委員会の運営

　　1．議長は、中央委員会を招集し、議事を統括する。
　　2．議長は、必要があると認めたときは、委員でないものを、中央委員会に出席させ、意見および説明を求めることができる。
　　3．議長が、やむを得ない事由により、出席できないときは、議長が代理者を指名して職務を代行させることができる。

第7条　中央委員会の開催

　　　中央委員会は、原則として年2回開催する。ただし必要に応じて随時開催することができる。

第8条　中央委員会の事務局

　　1．中央委員会の事務局は、安全衛生主管部署に置く。
　　2．事務局は、議案・資料の作成、審議に必要な調査を行う。
　　3．事務局は、議事録を作成し、3年間保管する。

第3章　工場（又は部門）安全衛生委員会

第9条　委員会の名称

　　この委員会は、○○　○○工場安全衛生委員会又は、○○部門安全衛生委員会（以下委員会という）と称する。

第10条　委員会の業務

　　委員会は、中央委員会で審議決定された方針ならびに基本事項にもとづき、次の事項を審議、推進する。

1. 従業員の危険、健康障害防止に関する重要事項
2. 労働災害の原因および再発防止対策に関する事項
3. 安全衛生教育の実施に関する事項
4. 新規に採用する機械器具その他の設備および原材料に係る危険、健康障害の防止に関する事項
5. その他安全衛生に関する必要な事項

資料3 「組織図」

2．安全衛生管理基準で定められている組織

(1) 全社安全衛生管理審議機構の事例

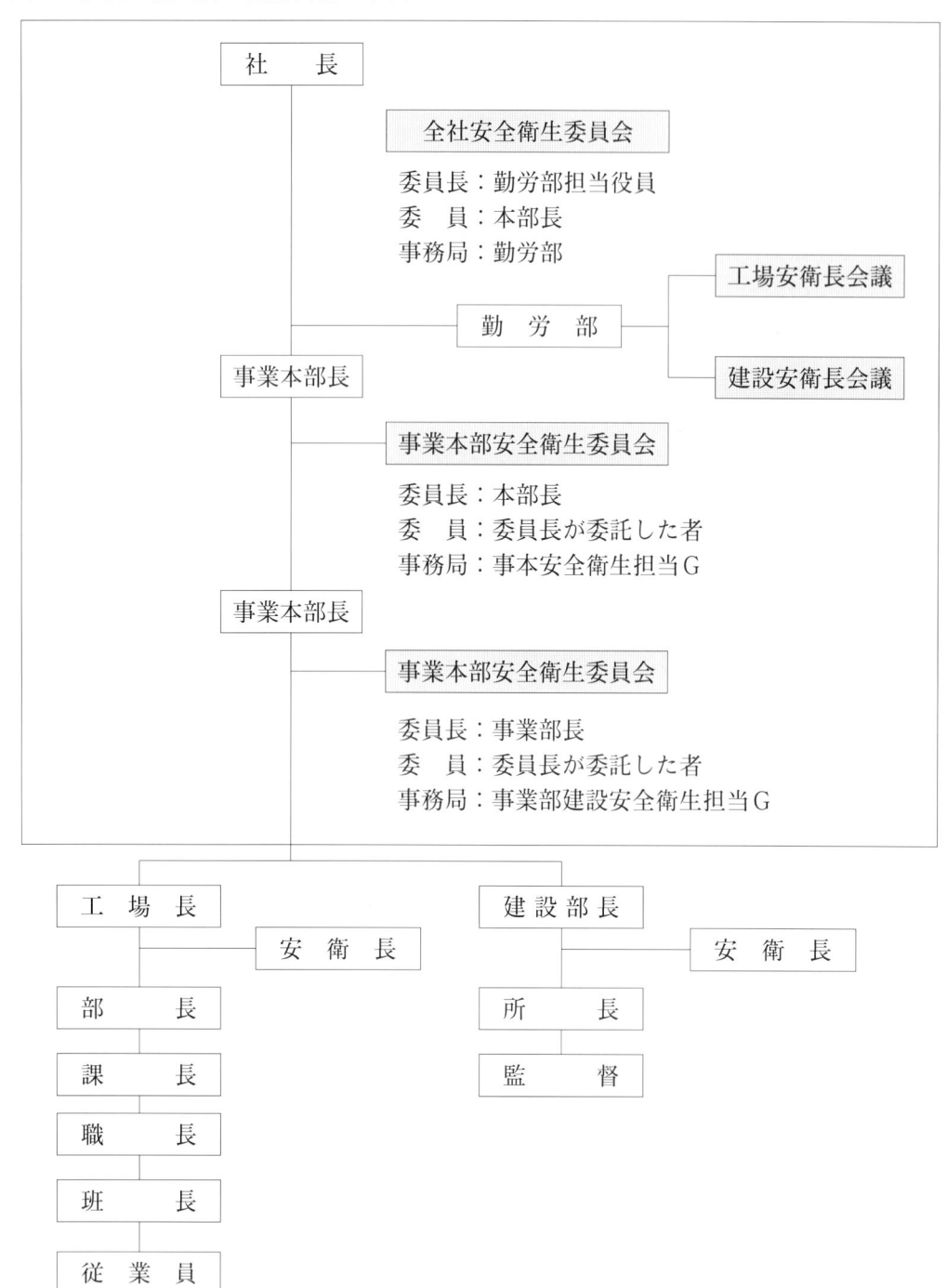

```
社　長
├─ 全社安全衛生委員会
│    委員長：勤労部担当役員
│    委　員：本部長
│    事務局：勤労部
├─ 勤労部 ─┬─ 工場安衛長会議
│          └─ 建設安衛長会議
├─ 事業本部長
│    └─ 事業本部安全衛生委員会
│         委員長：本部長
│         委　員：委員長が委託した者
│         事務局：事本安全衛生担当G
└─ 事業本部長
     └─ 事業本部安全衛生委員会
          委員長：事業部長
          委　員：委員長が委託した者
          事務局：事業部建設安全衛生担当G
```

```
工場長 ─ 安衛長       建設部長 ─ 安衛長
  │                      │
部　長                  所　長
  │                      │
課　長                  監　督
  │
職　長
  │
班　長
  │
従業員
```

資料4 「部安全衛生委員会および課安全衛生委員会」の事例

第2条　この委員会を分けて、事業所安全衛生委員会、部安全衛生委員会、課安全衛生委員会、○○安全衛生委員会及び△△安全衛生委員会とする。

第3章　部安全衛生委員会

（構　成）
第10条　部安全衛生委員会の構成は、次のとおりとする。
　(1)　議　　長　　当該部長
　(2)　副 議 長　　当該部の次長（主査）又は当該部の課長（主務）の中から議長が指名した者
　(3)　委　　員　　事業所
　　　　　　　　　　ア．当該部の課長（主務）以上の者
　　　　　　　　　　イ．議長が指名する安全衛生関係者
　　　　　　　　　支　部
　　　　　　　　　　原則として当該部委員の中から執行委員長が推薦し、議長が委嘱した者
　(4)　幹　　事　　当該部社員の中から議長が指名した者

（報　告）
第11条　部安全衛生委員会を開催したときは、議長はその結果を事後速やかに○○○○課長、○○課長経由所長へ報告するとともに議事録写1部を支部執行委員長へ送付するものとする。

第4章　課安全衛生委員会

（構　成）
第12条　課安全衛生委員会の構成は、次のとおりとする。
　(1)　議　　長　　当該課長
　(2)　副 議 長　　当該課の係長（主任）の中から議長が指名した者
　(3)　委　　員　　事業所
　　　　　　　　　　ア．当該課の係長（主任）以上の者
　　　　　　　　　　イ．議長が指名する安全衛生関係者
　　　　　　　　　支　部
　　　　　　　　　　原則として当該課委員及び職場協議員の中から執行委員長が推せんし、議長が委嘱した者
　(4)　幹　　事　　当該課社員の中から議長が指名した者

（報　告）
第13条　課安全衛生委員会を開催したときは、議長はその結果を事後速やかに当該部長及び○○○○課長、○○課長経由総務部長、△△長へ報告するとともに、議事録写1部を支部執行委員長へ送付するものとする。

資料5 「専門小委員会組織図」の事例

○○○○課安全衛生委員会組織

```
                    安全衛生委員長
                        ○○
                    安全衛生副委員長
                        ○○
         衛生管理者
           ○○
  安全衛生担当
     ○○
```

専門班 推進委員

専門班	精整係	調整係	片鋼係	委員
事故防止	○○	○○	○○	○○
環境整備	○○	○○	○○	○○
健康管理	○○	○○	○○	○○
安全教育	○○	○○	○○	○○
交通安全	○○	○○	○○	○○

事故防止班

	精整係	調整係	片鋼係
リーダー	A	B	C
サブリーダー	A	B	C
メンバー	A		
	B		
	C		
常甲			

環境整備班

	精整係	調整係	片鋼係
リーダー	A	B	C
サブリーダー	A	B	C
メンバー	A		
	B		
	C		
常甲			

健康管理班

	精整係	調整係	片鋼係
リーダー	A	B	C
サブリーダー	A	B	C
メンバー	A		
	B		
	C		
常甲			

安全教育班

	精整係	調整係	片鋼係
リーダー	A	B	C
サブリーダー	A	B	C
メンバー	A		
	B		
	C		
常甲			

交通安全班

	精整係	調整係	片鋼係
リーダー	A	B	C
サブリーダー	A	B	C
メンバー	A		
	B		
	C		
常甲			

資料6 「構内協力企業の参加」の事例

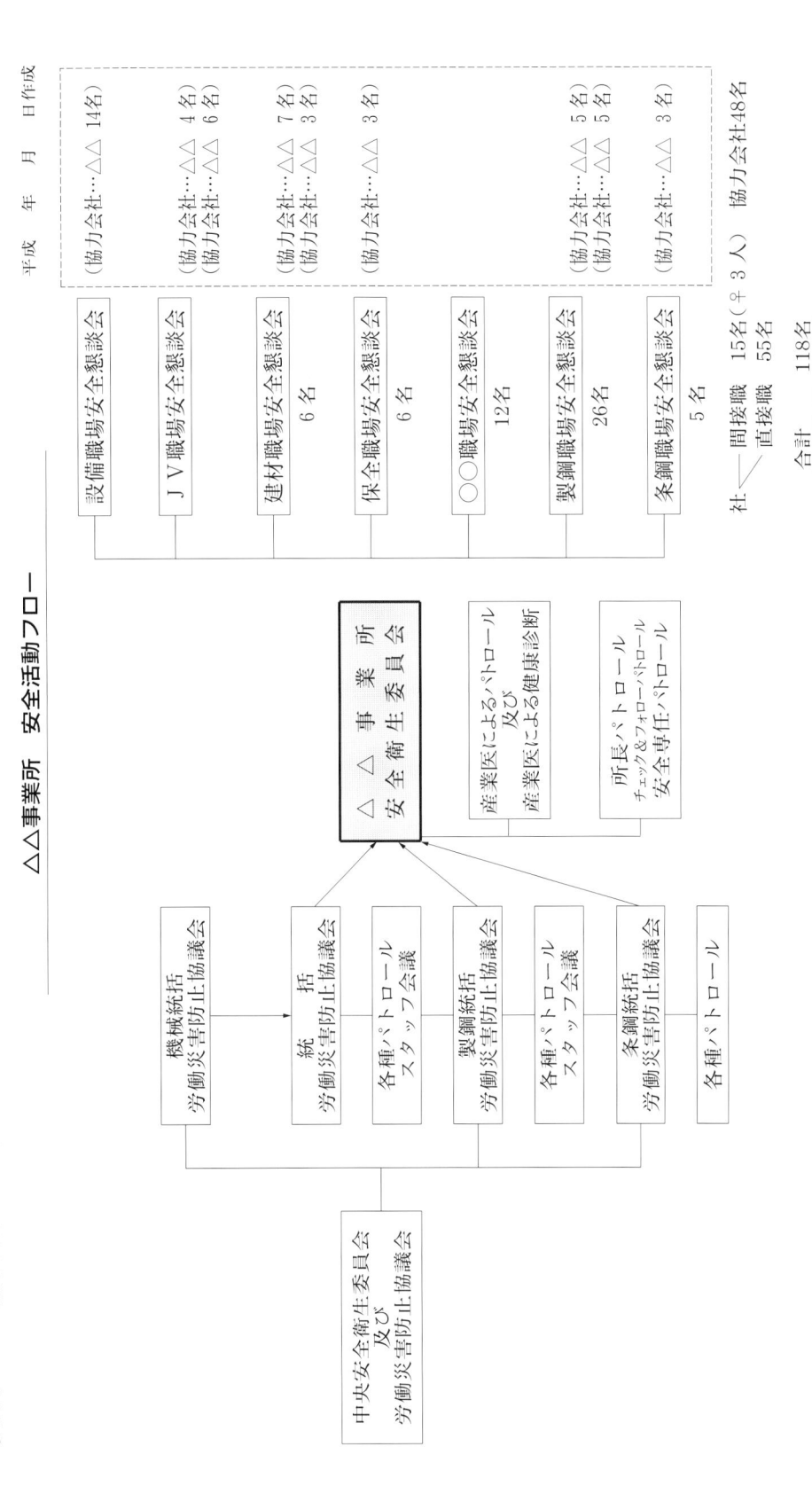

△△事業所　安全活動フロー

平成　年　月　日作成

- 設備職場安全懇談会　　　　　　（協力会社…△△ 14名）
- ＪＶ職場安全懇談会　　　　　　（協力会社…△△ 4名）
  　　　　　　　　　　　　　　　（協力会社…△△ 6名）
- 建材職場安全懇談会 6名　　　　（協力会社…△△ 7名）
  　　　　　　　　　　　　　　　（協力会社…△△ 3名）
- 保全職場安全懇談会 6名
- ○○職場安全懇談会 12名　　　　（協力会社…△△ 3名）
- 製鋼職場安全懇談会 26名　　　　（協力会社…△△ 5名）
  　　　　　　　　　　　　　　　（協力会社…△△ 5名）
- 条鋼職場安全懇談会 5名　　　　（協力会社…△△ 3名）

　社 ─┬─ 間接職　15名（♀3人）　　協力会社48名
　　　└─ 直接職　55名
　　　　　　合計　118名

△△事業所
安全衛生委員会

- 産業医によるパトロール及び産業医による健康診断
- 所長パトロール　チェック＆フォローパトロール　安全専任パトロール

- 機械統括労働災害防止協議会
  - 各種パトロール
  - スタッフ会議
- 統括労働災害防止協議会
- 製鋼統括労働災害防止協議会
  - 各種パトロール
  - スタッフ会議
- 条鋼統括労働災害防止協議会
  - 各種パトロール

中央安全衛生委員会及び労働災害防止協議会

社　安全衛生委員会（1回／月）……職場安全懇談会（1回／月）……協力会社安全連絡会（1回／月）

資料7 「新設・改造設備導入時の事前評価基準」の事例

新設・改造設備導入時の事前評価基準

△△・××・○○

1．目　的		この基準は設備に関する不安全要素を職場に持ち込まないため新設及び改造する設備の事前点検を行い作業者の安全を確保し災害の予防を図る。
2．規程間の関係		この基準は安全衛生管理規程（5の設備基準及び保守）に定められた点検基準の一環として新設及び改造設備導入時の安全点検基準として定める。
3．適用範囲		この基準の適用範囲は当社で行うすべての新設及び改造設備に適用する。但し修理又は安全性に関わりのない軽微な改造については除外するものとする。
4．制定・改廃		この基準の制定・改廃は安全衛生委員会事務局が起案し安全衛生委員会で審議の上、安全衛生委員会委員長の決裁を得てこれを行う。
5．計画・発注段階時の安全確認		計画・発注部署はあらかじめ計画・発注の段階でメーカー側と打合せを行い当社の安全検収チェック項目について相互の安全確認を行う。
6．安全点検実施の要請（連絡）		新設・改造・設備の導入を計画している部署はあらかじめ設備の搬入・据付工事・調整作業等の実施日時を安全衛生事務局へ連絡することとする。
7．点検実施日時の連絡		安全衛生事務局は事前の連絡に基づき点検実施部署の所属長及びメーカー側と点検実施日時の調整を行い点検実施者へ連絡する。
8．点検（検収）実施者		点検（検収）は原則として製造部長・計画部署・生産技術課・使用部署及び設備メーカー・安全衛生事務局で行うものとする。但し設備の内容によっては関係部署の参画を求めることがある。関係部署の参画メンバーについては製造部長が決定する。
9．点検内容		別に定める新設・改造設備導入時の安全検収チェックリストにより行う。 ⑴　設備構造による不安全要因の有無。 ⑵　安全装置などの有無及び機能の良否。 ⑶　保全性の良否。 ⑷　作業者の健康障害要因の有無。
10．点検結果の評価		点検実施者は安全点検終了後評価会議を開催し、設備使用許可の良否及び改善項目の有無についてまとめ、使用許可権者（安全衛生委員会委員長・製造部担当役員）への報告・具申する。
11．使用許可		使用許可権者は点検結果の報告を受け、品質・生産・納期・安全性等総合的に判断し使用許可の良否について決裁する。 使用許可については次の通りとする。 ⑴　使用許可 　　安全点検の結果すべての項目が満たされている場合。 ⑵　改善条件付使用許可 　　設備の安全化が一部確保されない場合は改善対策・実施日限・実施責任者等を明確にして許可することがある。この場合、暫定処置として作業標準の設定と徹底・保護具の使用など安全教育を行う。又、使用部署の責任者はすみやかに改善対策を行い、許可権者（安全衛生事務局経由）まで報告する。 　　事務局は改善対策の実施状況を現地現物で確認するものとする。

資料 8 「安全衛生活動計画」の事例

<u>○○年度　安全衛生活動計画</u>

1. 基本方針

従業員一人ひとりが、安全と健康を大切にし、生き生きとして働ける明るい快適な職場環境づくりを全員参加で進める。

2. スローガン

全員参加で安全な明るい職場環境を作ろう！

3. 目　標

(1) 労働災害
　・休業災害　　　　　　　　　　　　　　　　0 件
　・不休災害　　　　　　　　　　　　　　　　0 件
(2) 疾病休業日数　　　　　　　　　　　　　100 日以下
(3) 交通事故　　　　　　　　　　　　　　　　0 件
(4) 火　　災　　　　　　　　　　　　　　　　0 件

4. 活動の重点

(1) 「決めたこと・決められたこと」を「教え・守る」活動の定着
　　　　―安全作業のできる人づくり―
(2) 5S 活動の定着（維持・改善活動）
(3) 管理・監督者のレベルアップ（率先垂範）

月別重点実施事項

○○株式会社

月間	全国行事予定	重点項目	実施事項
4	春の全国交通安全運動	安全衛生年度計画の徹底 ヒヤリ・KY提案活動の推進	・安全衛生新年度計画の理解活動 ・ヒヤリ・KY提案活動の推進・展開 ・新入社員安全衛生教育 ・朝礼・安全唱和の実施と緑十字表の活用フォロー ・作業環境測定（照度・騒音）の実施 ・交通安全週間の指導（シートベルト・交差点の事故防止等）
5		「教え・守る」活動の定着 5Sの維持・改善活動	・管理・監督の安全衛生研修会 ・安全ポイント（作業要領書）による「教え・守る」活動の定着・フォロー ・異常処置等の安全作業ルールの再徹底（定着・フォロー） ・有資格者充足計画の確認・推進 ・5S優秀職場の維持・改善活動（別計画）
6	全国安全週間準備月間 危険物安全管理週間 環境週間		・安全ポイント（作業要領書）による「教え・守る」活動の定着・フォロー ・保護具の見直しと完全着用の徹底 ・安全衛生パト対策の100％実施 ・日常点検・始業点検実施状況のフォロー ・危険物安全管理パトロールと対策の実施 ・5S優秀職場の維持・改善活動（別計画）
7	全国安全週間	安全活動強調月間	・第3回社長安全パトロールの実施 ・安全優秀職場社長表彰（評価）の実施 ・ヒヤリ・KY提案活動の推進・展開 ・5S優秀職場の維持・改善活動（別計画） ・安全週間のPR
8	電気使用安全月間 食品衛生週間	ヒヤリ・KY対策の実施	・ヒヤリ・KY対策実施状況のフォロー ・感電災害防止研修会 ・重筋作業の洗い出しの実施
9	全国労働衛生週間準備月間 健康増進普及月間 秋の全国交通安全運動	「教え・守る」活動の定着	・安全ポイント（作業要領書）による「教え・守る」活動の定着・フォロー ・作業環境測定（照度・局排装置・除塵装置の点検を含む） ・朝ラジオ体操の全員参加（フォロー） ・分煙対策の推進・重筋作業の改善改作の実施 ・5S優秀職場の維持・改善活動（別計画） ・交通安全週間立哨・指導（シートベルト・交差点の事故防止等）
10	全国労働衛生週間 体力づくり強調月間	「教え・守る」活動の定着 労働衛生強調月間	・安全ポイント（作業要領書）による「教え・守る」活動の推進 ・ヒヤリ・KY提案活動の推進・展開 ・健康診断の実施と個人連絡の徹底（100％） ・有所見者のフォロー（産業医の受指導）・自己問診の実施（50歳以上） ・産業医の安衛委員会への出席 ・作業環境測定（騒音・有機）の実施 ・労働衛生週間のPR ・5S優秀職場の維持・改善活動（別計画）
11	秋季全国火災予防運動	類似災害の再発防止	・類似災害の再発防止の確認（過去3カ年） ・5S優秀職場の維持・改善活動（別計画） ・消火設備の点検と消火器・消火栓の使い方訓練 ・火災予防運動PR
12	年末年始無災害運動	「はさまれ災害」の撲滅 5S活動の維持・定着	・ヒヤリ・KY提案活動の推進・展開 ・異常処置等の安全作業ルールの再徹底（定着・フォロー） ・5S優秀職場の維持・改善活動（別計画） ・年末年始の交通事故防止指導（シートベルト・交差点の事故防止等）
1			・管理・監督者の安全衛生研修会 ・5S優秀職場の維持・改善活動（別計画）
2	成人病予防週間 省エネルギー月間	職場の安全衛生総点検	・安全ポイント（作業要領書）による「教え・守る」活動の定着・フォロー ・5S活動の推進と評価・フォロー及び維持・改善活動（別計画） ・ヒヤリ・KY提案活動の推進と対策実施状況のフォロー ・有資格者充足状況のフォロー ・朝礼・安全唱和実施状況のフォロー
3	春季全国火災予防運動	年間行事のまとめ	・本年度の反省と○○年度計画の立案・承認 ・産業医の安衛委員会への出席・受指導 ・火災予防運動PR

＊安全衛生委員会の開催　原則として第1水曜日　13：00～
・朝礼安全唱和（発声リーダー交代制）の推進→「今日も1日安全作業で頑張ろうー」ヨシ！

資料9　「安全衛生活動方針並びに目標」の事例

平成〇〇年度（△△年度△月～△月)
安全衛生活動方針並びに目標

平成××年××月××日
△　△　株　式　会　社
安全衛生委員会

基本方針　①社是、安全と衛生を第一とする事
　　　　　②働く人々の安全と衛生は全てに優先します

目　　標　①労働災害・通勤災害「ゼロ」
　　　　　②心身ともに快適な職場づくり

重点項目　①機械、施設の安全点検強化
　　　　　②安全教育の徹底
　　　　　③危険予知活動（ＫＹＴ）
　　　　　④あいさつ運動

実施項目　①安全衛生パトロールの強化
　　　　　②共通取決め事項の徹底を図る
　　　　　③新規雇入れ時教育の標準化
　　　　　④ＫＹＴ４ラウンド法と指差呼称の実践
　　　　　⑤明るい笑顔とさわやかな挨拶
　　　　　⑥安全衛生向上教育
　　　　　⑦ストレスの残らない職場作り

　　活動方針、目標、重点項目、実施事項等に基づき年間計画（月別）の作成
　　（11月の安全衛生委員会にて）

平成○○年度安全衛生年間計画

△△安全衛生委員会

月	月間目標	実施事項	行事	備考
11	ラジオ体操推進月間	全員参加のラジオ体操	秋季全国火災予防月間	各月ＫＹＴ活動シートを作る（年間）
12	年末年始無災害月間「急がず あせらず 手抜きせず 無事故でいこう年末年始」	雪害防止（ポケットハンド、スベリ止め、なだれ）落雪注意の看板設置、交通安全の推進、機械安全装置の確認、ビデオ上映	年末年始無災害運動 年末年始交通安全運動	ポスター掲示 ドライバー会との連携
1	ヤケド防止月間	ヤケド危険箇所の抽出・改善	年末年始無災害運動 年末年始交通安全運動	交通安全祈願（ドライバー会と連携）
2	安全行動十則の徹底月間	転倒（凍結路、他）転落防止 不安全行動チェック		過去事例の活用
3	アメニティー化推進月間	ＶＤＴ作業管理の推進 シューズ化推進、環境測定	春季全国火災予防月間	
4	セーフティ通勤推進月間	ヘルメット・シートベルトの着用チェック 自賠責保険のチェック	春の全国交通安全運動	ドライバー会との連携
5	ＫＹＴ推進月間	ＫＹＴシート作成		
6	切れこすれ災害撲滅月間	危険箇所の抽出・改善 労災過去事例の検討	安全週間準備月間	
7	安全週間月間	シューズ化推進 オペレーター表彰	全国安全週間	安全祈願
8	設備点検月間	電気災害防止 安全衛生標示整備推進 オペレーターの安全教育	夏の交通安全運動 電気使用安全週間 食品衛生週間	ドライバー会との連携
9	メンタルヘルスと健康づくりの推進月間	職場環境点検 健康診断促進月間（人間ドック）	秋の交通安全運動 労働衛生週間準備月間	ドライバー会との連携
10	労働衛生週間月間	今年度の反省 来年度の目標設定	全国労働衛生週間	

※詳細は毎月の委員会にて決定

資料10 「事業所安全衛生管理計画」の事例

年度事業所安全衛生管理計画

事業所 △△工場　作成 ○年○月○日

事業所方針	全社目標
安全作業の更なる推進と職場環境の整備	総労働災害件数＝0件 休業災害（永久障害災害を含む）＝0件

	事業所目標
	総労働災害件数＝0件 休業災害（永久障害災害を含む）＝0件

	前年度事業所実績
	総労働災害件数＝1件 休業災害（永久障害災害を含む）＝0件

	昨年度の問題点
	KYTを活用しての危険予知訓練、及び設備機械、棚等の転倒防止対策が出来なかった。

	事務局担当者	事務局長	衛生管理者	安全管理者	工場長
計画時	印	印	印	印	印
上半期終了時					
下半期終了時					

事業所計画 P

実施事項	実施項目	具体的方策	目標	主管部署	4	5	6	7	8	9	評価	10	11	12	1	2	3	評価
1. 安全作業の整備	(1)ルールの見直し	安全心得と現状作業との比較による見直し、改善	実施	各職場	○	○												
	(2)ルールの把握	変更箇所の読み合わせ等により周知、徹底	実施	各職場		○												
2. 職場環境の整備	5Sの推進	①通路、白線、機械溶接等の補修	実施	事務局		○												
		②工場外周りの整備（ペンキ塗り等）	実施	事務局		○												
		③作業スペースの確保	実施	各職場		○												
		④安全衛生パトロールによる指導の実施	2回/年	事務局						○					○			
		⑤5S運動の更なるレベルアップ		各職場														
3. 安全衛生教育	(1)新入社員教育	公的機関と社内マニュアルしての危険予知訓練実施	4回/年	事務局	○			○				○			○			
	(2)その他教育	①KYTを活用しての危険予知訓練の実施	対象者取得 衛生3、プレス1	事務局									○					
		②法定作業の資格取得 （衛生管理者、プレス機段取り者）		S-2														
4. 設備機械対策	(1)新設備の安全対策	①5S点検の完全実施	100%	事務局	○	○												
		②プレス機の安全対策の整備	完備	S-2	○	○												
	(2)老朽設備のリスト化	年度毎修繕計画書の作成と実施	100%	事務局		○												
5. 防災対策	設備機械の防火、防災対策の強化	①防火管理者による計画書に基づく点検の実施	実施	防火管理者														
		②設備機械、棚等の転倒防止対策の実施	100%	各職場														
		③協力企業への防火、安全管理体制の実態把握と指導の実施	実施	事務局		○												
6. 健康管理	健康管理体制の充実、健康の保持、増進	①法定に準じた健康診断の実施	100%	事務局								○						
		②結果に基づく二次検査、フォローの実施	100%	事務局									○					
		③中高年層の健康増進の為、計画書の作成と実施	100%	事務局		○												

資料11 「事前打ち合わせ」

〇〇年〇月〇日

安全衛生委員会に関する申し合わせの事例

1．開催前
 (1) 開催の時期は、原則として毎月第二水曜日の午後4時15分～5時15分とする。
 (2) 上記の日時で、会社、労働組合いずれか一方の都合がつかない場合は、別途設定する。・・・事務局で調整
 (3) 安全衛生委員会の調査・審議内容案は事務局で作成する。
 (4) 総括安全衛生管理者との打ち合わせを、開催二日前までに実施する。
 (5) 労働組合との事前打ち合わせを、開催二日前までに実施する。
 (6) (4)(5)により調整・修正した内容をもって安全衛生委員会を開催する。

2．安全衛生委員会
 (1) 開催に先立ち、総括安全衛生管理者・労働組合代表の挨拶をいただく。
 (2) 先月の安全衛生活動内容の報告、次月の活動予定から始め、労働災害・事故についてはその内容をフォローする。

3．会議録
 (1) 安全衛生委員会の会議録は、総括安全衛生管理者・労働組合双方の確認を得た後、全委員に電子メールにて配布する。

以上

資料12 「進行役」の輪番制の事例

第48回 安全衛生委員会議事録	開催	日　時	平成　　年○月○○日　9：30～10：00
		組織名	△△営業所安全衛生委員会
		場　所	△△営業所会議室

出席者	○○代理　○○課長　○○課長　○○係長　○○社員　○○社員
欠席者	○○所長（急用）　○○主任（引渡し）　○○先生

提案議題・決議事項具体策	〈議長〉○○社員 ○○係長 1．全社安全運転活動報告書の件（資料添付） ・安全運転講習　10月29日開催予定 ・飲酒運転討論会実施済み ・シートベルト装着チェック実施済み。装着率100％ ・車両点検実施済み。○○社員の社用車修理指示。 ・通用口に懸垂幕を指示。『親と子の絆で締めるチャイルドシート』 ・グッドドライバーズコンテスト ・毎週月曜日の朝礼で安全運転をテーマに当番制で話題を発表 2．シートベルト違反の件 3．車両の日常点検について（資料添付） 4．各事業所衛生管理活動状況について（資料添付） 　　　　　　　　　　　　　　　　　　　　　　　　　　　　　　　　以上 次回議長：○○社員 議長の順番（○○代理　○○社員　○○社員　○○係長　○○課長　○○課長　○○所長　○○主任）

備考		衛生管理者	安全管理者	副総括安全衛生監理者	総括安全衛生監理者	委員長	記録者

資料13 「評価」事例1

年　年間のまとめ（　／4月〜　年／3月）　　委員会名△△工場安全衛生委員会　印　　年○月○日

区分	項目			
安全	【行動災害の撲滅】	管理項目	施策数	実績
		目標値	2項目以上	4項目
	＊行動災害撲滅のための重点意識改革施策設定による活動の推進			
	【活動の成果と反省】 ・HHK申告活動…「挟まれ・巻込まれ」「あたる・ぶつかる」等、ポイントを置いた気掛かり申告活動を実施してきたが活性化には乏しい。 ・指差し呼称活動…「曲がり角・交差点」での一旦停止指差し呼称活動として、工場内外の曲がり角、交差する場所での指差し呼称を重点ポイントとして活動し、構内通路上の指差しマークの見直し補修や、曲がり角付近への「指差し呼称マーク」のシール貼付で、注意喚起と意識の向上を目指してきた。			
	【設備の安全確保】	管理項目	点検回数	実績
		目標値	4回以上	7回
	＊各種安全装置の点検と整備（強化月間設定に基づく点検・対策）			
	【活動の成果と反省】 ・安全プラグを重点項目とした、「チェックシート」による点検を実施。 ・挟まれ箇所について、係・班の相互乗り入れによる点検を実施。 ・残圧開放弁の位置調査では、点検総数369箇所の中の指摘72箇所について必要性の有無と対策、位置の変更について判断。 ・類似災害防止のため、プロジェクション溶接機の回路調査を、対象設備全台（22台）について実施し、タイマーリセットで起動する設備がないことを確認した。 ・挟まれ危険箇所について、「通常動作」、「手を伸ばせば加工点に手が届く」を重点に点検を実施し、災害の防止に努めてきた。			
健康	【健康の保持増進1】	管理項目	点検回数	実績
		目標値	2回以上	3回
	＊有害物取扱い作業の点検と指導教育			
	【活動の成果と反省】 ・有害物取り扱い作業の点検として、「注意事項」、「種別の掲示」確認や施錠の有無を確認。ISOの取組みもあり整備が図られている。有機溶剤取扱いに於ける影響を確認し、換気・通風対策につなげることができた。			
	【健康の保持増進2】	管理項目	点検回数	実績
		目標値	2回以上	5回
	＊健康づくりのための啓蒙活動（健康講話・運動・疾病予防PR・三大疾病対策　等）			
	【活動の成果と反省】 ・運動する習慣を身につけ、生活習慣病の予防を図るためのPR ・球技大会（ドッチボール）の開催を通じて、健康づくり。 ・8020運動を通じた歯の健康に関するアドバイスで啓蒙を図る。 ・ヘルスアップセミナーで、身体の調子を整えるためのコンディショニング方法を学ぶ。 ・健康管理に係わる衛生講演会を開催し、生活習慣病予防の意識づけを図ることができた。 ・運動習慣の動機づけとして取り入れた「ラジオ体操ぜんた〜い始め！」については、主旨が理解され運動の拡大・定着につながった。			

区分	項目			
交通	【自責交通事故の防止】	管理項目	施策数	実績
		目標値	4回以上	6回
	＊地域特性・工場実態を踏まえた交通事故防止活動 （強化月間設定に基づく、ビデオ研修、交通KY、講演会等の活動）			
	【活動の成果と反省】 ・長期休暇中の交通事故防止呼びかけとシートベルト着用点検で着用率は100％。定着していることから、着用点検については4月で打ち切る。 ・交通事故防止活動としての「交通事故防止コンクール」へ工場全従業員で参加し、参加ステッカーの貼付徹底によって意識向上を目指す。 ・長期休暇前交通安全指導（「一旦停止」「構内制限速度」）では「交通事故防止コンクール」の参加ステッカーの貼付確認を合わせて行う等、積極的活動を行っているものの、交通事故の撲滅につながっていない。			
環境	【職場作業環境の改善】	管理項目	点検回数	実績
		目標値	2項目以上	3項目
	＊工場・職場実態に合った計画的快適職場づくりの推進（騒音職場の改善、オイルミスト対策、臭気、温熱、照度ミーティングエリア等）			
	【活動の成果と反省】 ・騒音発生箇所の改善・対策で85dB以上の衝撃音対策と80dB以上の継続音、定常音対策を実施し、等価騒音70dB台が実現できた。 ・知恵と工夫によって冬期対策が出来たこと。			
特別活動	【災害ゼロに向けた活動】	管理項目	点検回数	実績
		設定課題	1項目	2項目
	＊前年度の教訓に立った特別活動項目設定による推進 （基準類の見直しと指導・ポイントを持った危険個所の抽出・作業主任者等の活用した教育等） （設定課題名） 　　過去の災害に学ぶ総点検 　　監督者層安全教育			
	【活動の成果と反省】 ・残圧開放弁調査と対応策について、関連部署を巻き込んだこと。 ・「ヒヤリ」を含めた「過去の災害発生マップ」を作成し、災害に学ぶ総点検が実施出来たこと。 ・基本に基づく安全教育で、部下への指導に役立つことにつながった。			
良かった活動	年間を振り返った成果と反省 ・それぞれの項目について、年度の実行計画が目標通り実施できたこと。 ・目標とした「災害ゼロに向けた特別活動」が計画通り実施できたこと。 ・運動習慣の動機づけが図れ、ラジオ体操の実践・定着が図れたこと。 ・モデル職場を設定し、改善の積み重ねで騒音対策が図れたこと。 ・安健推進者の新設により、職場巡視の充実・強化が図れたこと。			
反省と課題	・HHK申告活動はポイントを定めて実施しているが、申告数から見ると"抜け"が感じられ、結果として災害の発生が防止出来ていない。 ・交通事故防止の活動をしているものの、重大な事故が発生する等、まだまだ意識の欠如が顕著であり、新たな意識改革の施策が必要である。			

資料14 「評価」事例2

部長・課長殿

　　　　　　　　　　　　　　　　　　　　　　　　　　　　年 8 月19日
　　　　　　　　　　　　　　　　　　　　　　　　　　　　△△事業所
　　　　　　　　　　　　　　　　　　　　　　　　　　　　総括安全衛生管理者

安全週間終了に伴う、活動結果確認パトロールに実施について

　6月の安全週間準備期間、7月の本週間と2カ月に渡った安全週間の取り組み、ご苦労様でした。
　標記の件につき、下記のとおり実施します。今回のパトロールは安全衛生委員会・安全衛生専門者協議会のメンバーにより実施します。各職場の課長・作業長は、期間中の取り組み内容について説明できるように準備し、当日の説明・立ち会いをお願いします。

記

1．日時　　8月27日（金）　13：30～15：00の間

2．パトロールのしかた
　・数名でグループを編成し、グループ毎で分担し、各職場をパトロールします。
　・指摘するパトロールではなく、どんな活動をしたかを説明してもらい、確認をするパトロールです。

3．説明について
　すでに提出されている総点検チェックシート・改善した実例等説明できるものを準備し、説明してください。

4．その他
　この件についてのお問い合わせは、△△総務G（〇〇）までお願いします。

　　　　　　　　　　　　　　　　　　　　　　　　　　　　　　　　　　　以上

安全週間・準備期間取り組み状況確認パトロール区分

8月27日（金）実施

パトロール場所	パトロール者
１Ｆ東側１ 精密加工推進部、△△総務 生産技術開発部（１Ｆ）・分析技術（１Ｆ）	○○部長 ○○副支部長　○○執行委員
１Ｆ南側１、Ｅ棟１Ｆ 工機計画Ｇ、ＮＰプロジェクト、第三研究Ｇ △△管財課	○○部長　○○ ○○会計
１Ｆ南側２、２Ｆ南側２ 工機生産Ｇ、工機加工Ｇ、 Ｗ品質保証Ｇ、Ｗ製造技術Ｇ・Ｗ生産技術Ｇ	○○部長　○○看護師 ○○執行委員
１Ｆ北側１ ＬＤ品質保証Ｇ、ＴＦＴ組立課 プレス生産Ｇ（型・プレス）	○○課長 ○○支部長
２Ｆ南側１ Ｗ第一部品課（第一、二自動機） Ｗ第二部品課（ＳＦＤ、化工）	○○工場長、○○課長 ○○副書記長
３Ｆ１ 工機設計Ｇ、生産技術開発部（３Ｆ） 生産技術開発部（２Ｆ）	○○課長、○○ ○○執行委員
３Ｆ　ＴＦＴ１ Ｅ３プロジェクト、ＴＦＴ設計Ｇ、ＴＦＴ技術１Ｇ ＴＦＴ技術２Ｇ、ＴＦＴ保全Ｇ	
３Ｆ　ＴＦＴ２ ＬＤプロセス保証Ｇ、ＴＦＴ製品二課	
２Ｆ南側３、Ｅ棟２Ｆ、２ＦＣＲ ＯＭプロジェクト、第二研究Ｇ 要素試作・Ｌプロジェクト	○○部長　○○課長 ○○副支部長

スケジュール

　13：00～13：30　　　総点検結果まとめ

　13：30～14：40　　　パトロール

　14：40～15：00　　　パトロール結果まとめ

パトロールのポイント

　①　具体的にどんな活動をしたか。

　②　結果はどうであったか。職場としてどう評価しているか。

　③　実際にやった内容を見せてもらう。

以上

資料15 「評価」事例3

△△平成　　　年度方針に対する反省と点検

判定＝○・◎・△・×　　平成　　年12月31日

方針	目標値	結果	判定	総括
1. 第六類無災害を目指して（平成15年3月）	①休業・不休・微傷 ……… 0件 ②交通人身事故 ……… 0件 ③重大ヒヤリ事故 ……… 1件以下 ④私傷病年間目標日数 200日以内 （平成9年度 旧方式255.5日）	0件 1件 1件（全4件） 203.5日 新方式 217.5日（旧）	○ × ○ ×	・安全関係、9/15無災害満6周年を迎えることができた。2年目を迎えた安全推進委員会の本格的活動もあり、更なる安全レベルの向上状態を続けることができた。完全無災害の継続と良い状態を続けることができた。2年目を迎えた安全推進委員もみられた、交通事故は、自損・被害各1件で未達。 特記3/9快適職場認定を受けた。7/1 ○○労働基準局長進歩賞受賞。 重大ヒヤリ1件を含む合計4件のヒヤリ事故が発生した。若年作業者、指差呼称・KYTの重要度が浸透不足の感があり、教育を強化していきたい。交通事故（自損）人身1件は来年の人教育に生かす。 ・健康面、私傷病年間目標を工場に合わせ従来管理を、一本立てとしたが、予病による私傷病が前年同様多かった。（昨年比ほぼ横ばいながら減少）
2. 工程の安定と全員参加の作業改善	①品質・設備・物損・停機1.5/月（年間18件以下） （ヒヤリ・交通事故除く） ②作業改善の推進 ・要員合理化への検討と推進 ・改善提案 ……… 2件・人・年 ③4〜3割の導入・SD・ロール運搬・依頼作業 ④PL法・ISO14001への対応	品質事故 4.5件 設備事故 1件 物損事故 2件 停機件数 12件 総件 19.5件 （1.62件/月） 300件（2.08件/人） 要員効率 96.77% 6勝6敗 PL法本社監督2回済	○	（略）
3. ○○マスタープランの推進	①工場廃棄物の有効活用と販売高拡大 ②車両整備関連売上高の拡大 ③積極的な営業活動の推進 ④設備投資計画（長期・短期）の作成	年間売上（1〜11月） 対目計画 ××千円 116上期 ××千円 経常利益（1〜11月） 対計画 ××千円 116上期 ××千円	○ ○ ○ ○	（略）
4. 活力ある職場づくり	①15周年に向けて ②目標管理活動の推進と表彰の充実 ・新記録表彰の導入 ③職場の環境保全と改善 ④職能資格制度の見直しと改善 ⑤各種会議の活性化と見直し ⑥レクリエーションの充実と各クラブ活動の活性化（文体委員選出） ⑦工場職場対抗への出場と上位入賞	記念品他 11/13 5件の発表	○	・15周年を迎えて、時節柄派手にすることはできず、記念品、フォークリフト各資格、紅白饅頭等で祝う。特に15周年を迎えての懇親会を実施。要大会にも内容が掲載されてもらう意義であった。 ・第5回目管理運営表彰発表会、回を重ねるごとに内容・発表態度とも充実してきた。次は工場のまとめもパソコン（ワープロ）を活用し見やすくラフルになった。来年度は、生産に繋がる出場率を更にレベルアップを図る。 ・新記録制度の導入は◎であった。月産36件の新記録達成であった、計62件の新記録表彰26件。 ・本年も各職場の夏期対策を実施したが、SIPクーラー更新（紙二課）・スポットクーラー2台購入・整粉気局大型化等を実施した。 ・職能資格制度の採用人員の定足は未完遂であった。是正方針は決定済。 ・各種会議の整理は済むも、活用が出るような一歩見が出るような一歩踏み出て欲しい。 ・文体委員の選出は昨年と同じ第15代だが、スクラブ活動の補強もなく一年様々な会にない度残念なこと。小川原湖駅区は今年も参加、結果は昨年と同様1位になったが、選手の顔ぶれもほぼ同様、更に上位を狙えそうもなかった。また埋もれた才能の持ち主はいるはず、全員参加の職場対抗は全種目特色ある催もはな駅をあげてはな駅以外の成績は良くなかった。目指したい。
5. 技能・技術レベルの向上	①各種資格の積極的取得（6月末の完成） ②多能化の推進 ③階層別（年代別）教育の開催	台帳 7月完成 依頼拡大 △△ハイツ 5回 実施中 （一泊教育）	○	・資格、新人床検クレーン1主掛け・フォークリフト各資格、有機溶剤主任者4名、中小企業安全衛生指導員、ハイヤ作業主任者4名、2級ボイラー技士、RSTトレーナー、天井クレーン、2級造閉施エエ等。（7月完成） ・教育・資格初級保全を教育、ワープロ促進は、入社1年・3・6月教育は計画通りの実施、KYT教育（全員）、階層別教育実施実績。自由討議等、有意義と好評であった。（新年度も反省）自3交替3回 移動男子・女子の5回 社長 抄紙工場 ○○係長 パルプ工場、 ※資格取得は1級ボイラーが取得できず反省点、各種資格点。

資料16 「評価」事例4

平成　年9月

☆ 明るく、楽しく、元気よく!!

○○○課安全衛生委員会資料

安　全　成　績	
平成　年4月1日 ～ 平成　年8月31日	
延日数 3,805日	延時間 1,011,117 時間

9月重点目標

1. 夏季ゼロ災活動の推進　2. 衛生週間準備月間活動の推進　3. 秋の防災活動の推進　①消火訓練の実施

事故防止班 (B)	環境整備班 (C)	健康管理班 (D)	安全教育推進班 (常)	交通安全推進班 (A)
1. 夏期ゼロ災活動の推進 2. 不安全箇所の指摘、パトロール 3. 消火訓練の実施(機械ロ)	1. 職場安全衛生評価基準による診断結果に基づく改善	1. 職場安全衛生評価基準に基づく自己評価と改善 2. 定期健康診断の受診とフォロー 3. 健康づくり体験談の募集	1. Y・K・1活動の推進 2. 安全作業標準書の見直し	1. 秋の交通安全運動の推進 2. 交通法テストの実施

8月重点目標

1. 夏期ゼロ災活動の推進 (①トラブル処置に伴う災害防止＝自動機の演練)　2. 災害防止類災検討

	事故防止班 (B)	環境整備班 (C)	健康管理班 (D)	安全教育推進班 (常)	交通安全推進班 (A)
8月実施項目 専門班活動	1. 夏期ゼロ災害活動の推進 (類重点目標の類災(防止)検討) ・類似災害の検討会(各組)実施(5件) 9月に課類災検討会 9/3予定 《検討災害》 ＊発生箇所：○○○棟 ＊被災程度：指圧挫傷、未節骨折 ＊発生状況：王棚作業での荷振れにより挟まれる 2. ヒヤリ、ハット発表会実施 ・1回目 8月11日(木) A組 D組 常昼 (6件) ・2回目 8月19日(木) B組 C組 常昼 (5件)	1. 職場安全衛生評価基準による診断 ・評価点 72.7/105 ・評価点内容 (5点評価) ・管理体制 3.6 ・安全衛生活動 3.1 ・設備管理 3.7 ・作業管理 3.2 ・健康管理 4.0 ・教育、訓練 3.6 2. 夏期室温調査(総合系列) ・調査期間：8/5〜8/20 ・調査時間：甲番 12時 乙番 19時 丙番 3時 ・測定場所：①縦割り切断 ②SUS一次切断 ③ベロタイザー ・最高室温 8/19甲番 38℃ ・最低室温 8/14丙番 26℃	1. 健康増進のPR ・3分間ストレッチング (楽しくトレーニングして体力アップ) ・健康づくりのPR (おきとうまくつきあうためには、すまず減塩しよう) 2. 食器棚、冷蔵庫の3S ・本館　8/26 ・分館　8/25 ・分館室温調査結果 8/1〜8/31 最高 平均 ○○○プレス 34.5℃ 30.9℃ ○○室 36.0 32.2 連続炉 35.5 32.8	1. Y・K・1運動の推進 －演練の実施－ ・縦割り切断機のトラブル処理 3件 ・NCライスによる砂払 横断面他加工 1件 ・自動切断機による切断作業 1件 ・リフトカーによる荷液作業 1件 2. 安全作業標準書 13単位作業 ・Nライス 新規作成 ・半自動研磨機 11単位作業 新規作成 ・試験材回収作業 4単位作業 見直し改訂	1. 駐車場の3S ＊日時：8/22 7℃〜8℃ ＊実施内容： ①空き缶回収 41個 ②北側草刈り 2. 交通ヒヤット発表会 ＊9月に実施予定
点検等	・クレーン ・吊り具 1/1 ・消火栓 1/1	・コンプレッサー ・危険物設備 ・プレス1-2号 2/19 ・NO GO 7/17	・特化環境測定 3/5 ・特定化学物質測定 5/1 ・防除設備点検 5/4	・照度測定 5月 11月	・6ヶ月点検 ・車検(トラック) 4月5月6月7月 ・リフトカー年検 7月19日、8月19日
他					・配置替教育 ・新人教育 ・職長教育 ・特別教育等

安全衛生委員会活発化チェックリスト

　本書を終えるにあたって、まとめとしてチェックリストを用意しました。
　本書を読まれたあと、貴事業場の安全衛生委員会活動の現状について、チェックリストに記入してください。

1．記入方法
　① 質問に「はい」であれば○、「いいえ」であれば×を「回答」欄に記入してください。
　② 質問項目そのものが当てはまらない場合は、－を記入してください。
　③ ○がついた項目について、「ウエイト」欄の点数を「素点」欄に記入してください。

2．集計方法
　① 「素点」欄の合計を「素点合計」欄に記入してください。
　② 次の式にしたがって、活発度点を計算してください。
　　活発度点＝素点合計×100／（79－当てはまらない項目の「ウエイト」欄の点数の合計）
　③ 全項目が○なら活発度点は100点となります。

3．再チェック
　① ×の項目については、掲載頁が示してありますので、もう一度本文をお読みください。
　② 不満足な点に対して、対策を考えて実行してください。

安全衛生委員会活発化チェックリスト

その1

編	章	No.	項目	チェック項目	回答	ウェイト	素点	頁
第1編 計画	第1章 安全衛生委員会に関する基本方針	1	安全衛生委員会の目的	安全衛生委員会の目的・機能を規程でルール化されているか		3		
		2	委員会の形	安全衛生委員会の名称、調査審議事項の管轄範囲は明確になっているか		2		
		3	安全衛生委員会の性格	安全衛生委員会の性格は、調査審議機関になっているか		3		
	第2章 安全衛生委員会組織の整備	4	組織の明確化	安全衛生委員会組織は規程上で明確になっているか		2		
		5	上部組織	複数事業場を持つ企業では、全社的委員会（中央安全衛生委員会）が設置されているか		1		
		6	下部組織	安全衛生委員会の下に職場委員会や専門部会等の下部組織を持っているか		2		
		7	構内協力企業の参加	構内協力企業は親会社の安全衛生委員会活動に関与しているか		1		
		8	議長の職位	議長は事業場の統括責任者が任命されているか		3		
	第3章 安全衛生委員の構成	9	委員の選出方法	すべての職場の意見が反映されるように安全衛生委員は選出されているか		2		
		10	安全衛生委員の構成	安全衛生委員は安全衛生の知識を備えているか		2		
		11	事務局	事務局は安全衛生に精通しているものが担当しているか		3		
	第4章 審議事項の選定	12	情報の収集	内外の必要情報を収集し、整理しているか		1		
		13	審議事項の選定	広い範囲の安全衛生委員から議題を収集しているか		2		
		14	審議事項と報告事項	報告事項と審議事項は明確に区分されているか		2		
	第5章 年間活動計画の策定	15	年間活動計画	年間計画により計画的な運営が行われているか		3		
		16	主催行事	安全衛生委員会行事により、安全衛生委員会を活発化しているか		2		

安全衛生委員会活発化チェックリスト その2

編	章	No.	項目	チェック項目	回答	ウェイト	素点	頁
第2編 実施	第1章 安全衛生委員会の運営	17	資料の準備	審議事項は事前に配布されているか		2		
		18	出席率向上策	年間決定型開催日等により、出席率向上策を取っているか		3		
		19	事前打ち合わせ	事務局は議長および関係者等と事前打ち合わせを行っているか		3		
		20	議長の役割	議長は積極的にリーダーシップ機能を発揮しているか		3		
		21	事務局の役割	事務局はよいコーディネート機能を発揮しているか		3		
		22	委員の発言	安全衛生委員は積極的に発言しているか		3		
		23	安全衛生委員への教育	安全衛生委員に対する教育を行っているか		2		
		24	全員参加	事業場の全員が安全衛生委員会活動に参加できるよう運営されているか		3		
		25	議事録の作成	審議事項の結論は明確になっているか		3		
	第2章 安全衛生委員会の事後措置	26	議事録の配布先	議事録の内容は関係部署へ確実に伝達されているか		3		
		27	合意事項の実施率	合意事項は高い率で実施されているか		3		
		28	安全衛生対策の実施の流れ	対策実施までの流れが明確になっているか		2		
		29	合意事項実施時の担当部署	合意事項の実施における担当部署は明確になっているか		2		
		30	合意事項に対するフォロー	安全衛生委員会は合意事項のフォローを行っているか		3		
	第3章 広報活動	31	広報機能	審議結果は組織内に広く、早く伝達されているか		3		
第3編 安全衛生委員会活動の評価・改善		32	安全衛生委員会活動の評価	計画と実績との突き合わせによる評価を行っているか		3		
		33	安全衛生委員会および安全衛生管理システムの見直し	評価結果に基づき定期的に管理システムの見直しを行っているか		2		

素点合計 　　　　　　　　　活発度店

安全・衛生委員会活動状況調査票

　この調査は、事業場で活用していただく好事例集を作成するための資料を収集させていただくためのものです。

　ご多忙中のところ恐縮ですが、労働安全衛生法にもとづいて設置されている貴事業場の安全・衛生委員会の活動状況の現状についてお答えいただきますようお願いいたします。

　回答は、別紙回答用紙の各項目について該当する記号に○を付けてください。

　また、記入欄には説明等ご記入いただき、書ききれない場合は裏面にご記入ください。

A．組織

1．貴事業場の安全・衛生委員会（安全委員会、衛生委員会、安全衛生委員会を総称してこのようにいいます。以下同じ。）はどのような形式ですか？
　　a．安全・衛生委員会　b．安全委員会のみ　c．衛生委員会のみ　d．安全委員会及び衛生委員会　e．その他（　　　　　　　　　　　　　　）

2．事業場の安全・衛生委員会は規程上でどのような機能を持っていますか？（複数可）
　　a．調査機能　b．審議調整機能　c．労働者の意見を聞く場　d．安全衛生活動のチェック機能　e．意志決定機能　f．実行機能　g．その他（　　　　　　　　）

3．事業場安全・衛生委員会の上に安全衛生に関する上部委員会がありますか？
　　a．労使による委員会がある　b．事業者側による委員会がある　c．ない

4．事業場安全・衛生委員会には下部機構がありますか？（複数可）
　　a．部・課単位の安全・衛生委員会がある　b．専門的審議をする下部委員会がある
　　c．その他（　　　　　　　　　　）がある　d．ない

5．安全・衛生委員会に構内協力企業は参加していますか？（複数可）
　　a．委員会に参加　b．下部組織に参加　c．その他（　　　　　　　　）で参加
　　d．参加していない

B．審議事項

6．安全・衛生委員会の審議・報告事項の範囲はどうなっていますか？　　（複数可）
　　a．すべての安全衛生活動を審議する　b．必要な活動のみ審議する　c．すべての安全衛生活動を報告する　d．必要なもののみ報告する　e．その他（　　　　　　）

7．安全・衛生委員会の審議・報告事項となっているのは、次のことに関するもののうちどれですか？（複数可）
　　a．事業場の安全衛生管理計画　b．安全・衛生委員会活動計画　c．安全衛生基準
　　d．安全衛生管理体制　e．作業環境測定　f．健康診断　g．健康の保持増進計画
　　h．快適職場づくり　i．安全衛生投資計画　j．安全衛生教育計画　k．安全衛生設備改善　l．労働災害　m．新規設備・材料の事前審査　n．職場巡視
　　o．行政機関からの指導・指示　p．安全衛生行事計画　q．その他（　　　　）

C．委員構成

8．安全・衛生委員会の議長はどのような立場の人ですか？
　　a．事業場の最高責任者又は総括安全衛生管理者　b．前記に準ずる者
　　c．安全衛生担当部署の長　d．その他（　　　　）

9．安全・衛生委員会委員の数は何名ですか？
　　　　（　　　　　　　）名（委員長を含む）　（注）複数設置の場合は合計人数

10．安全・衛生委員会委員全員に対する教育を行っていますか？
　　a．定期的に内部で実施　b．外部研修に派遣　c．自己啓発支援　d．実施せず
　　e．効果的な教育プログラムがありましたらご記入ください。（　　　　　　　　）

11．議長の出席状況はどれくらいですか？
　　a．必ず出席　b．時々代行者が出席　c．ほとんど代行者が出席

12．事務局はどこが担当していますか？
　　a．安全衛生担当部門　b．人事総務部門　c．その他（　　　　）

D．運営

13．前年度の開催実績は何回でしたか？（複数可）（注）複数設置の場合は延べ回数
　　a．定期委員会　（　　　　）回　b．臨時委員会　（　　　　）回

14．委員の出席率はどれくらいですか？（代行者は含まない。）
　　a．ほぼ100%　b．80%以上　c．60%以上　d．60%未満

15．出席率を向上させるために次の措置で講じているものがありますか？（複数可）
　　a．開催日を年間を通して決める　b．委員会終了時次回日時を決める

c．毎回開催を通知する　　d．出席を電話で督促する　　e．その他（　　　　）

16. 安全・衛生委員会の委員となっている産業医は専属ですか、嘱託ですか？
　　　a．専属　　　b．嘱託

17. 安全・衛生委員会に産業医は出席していますか？（複数可）
　　　a．ほとんど出席　　b．80％以上　　c．60％以上　　d．60％未満

18. 産業医は十分発言していますか？
　　　a．活発に発言する　　b．時々発言する　　c．あまり発言しない　　d．その他（　　）

19. 安全・衛生委員会委員の発言状況はどうですか？
　　　a．ほぼ全員発言する　　b．限られた委員が発言する　　c．委員がほとんど発言せず、議長・事務局のペースで終始する

20. 安全・衛生委員会の進行はどなたが行っていますか？
　　　a．　議長　　b．安全衛生部署の長　　c．事務局　　d．その他（　　　）

21. 議事進行に関して議長と事務局との事前打ち合わせをしていますか？
　　　a．常に実施　　b．時々実施　　c．行わない

22. 議題について安全と衛生との比率はおよそどれくらいですか？
　　　a．安全　約（　　％）　b．衛生　約（　　％）　c．その他（　　）約（　　％）

23. 議題の提案者は誰ですか？（複数可）
　　　a．トップ　　b．総括安全衛生管理者　　c．安全管理者　　d．衛生管理者　　e．会社側委員　　f．労組側委員　　g．産業医　　h．安全衛生スタッフ　　i．その他（　　）

E．合意事項のフォロー

24. 議事録の配布先はどこですか？（複数可）
　　　a．事業所長　　b．部課長　　c．安全・衛生委員会委員　　d．労働組合
　　　e．その他（　　　）　　f．配布せず

25. 安全・衛生委員会で合意された安全衛生対策はどのような手続きを経て実施されますか？（複数可）

a．安全・衛生委員会が計画を作成する　b．経営会議等で取り上げる　c．テーマにより安全・衛生委員会が直ちに実施する　d．その他（　　　　　　　　）

26．安全・衛生委員会における合意事項はどれくらい実施されますか？
　　　　　実施率　約（　　　　　　　）％

27．安全・衛生委員会での合意事項を実施するときはどこが担当しますか？（複数可）
　　　a．安全・衛生委員会　b．各部署の部課　c．安全衛生担当部門
　　　d．安全・衛生委員会の下部組織　e．その他（　　　　）

28．合意事項の実施のための予算が必要な場合にはどこが予算措置を担当しますか？
　　　a．安全・衛生委員会　b．事務局　c．各部署　d．安全衛生部門　e．総務経理部門

F．その他

29．安全・衛生委員会が主催する行事にどのようなものがありますか？（複数可）
　　　a．広報活動　b．職場巡視　c．安全衛生教育　d．安全衛生大会
　　　e．その他（　　　　　　　　　　）　f．特になし

30．安全・衛生委員会活動の評価をどのようにして行っていますか？
　　　a．活動評価書の作成　b．活動報告書の作成　c．その他（　　　）　d．特になし

31．安全・衛生委員会は活発に活動していると思われますか？
　　　a．非常に活発である　b．活発である　c．普通　d．やや不活発である
　　　e．不活発である

32．前問31の回答について、理由をご記入ください。

33．貴事業場の労働災害の発生傾向（度数率、職業性疾病の発生件数等）は過去5年間どのように推移していますか？
　　　a．大きく減少　b．減少傾向　c．横這い　d．増加傾向　e．大幅に増加

34. 前問33の回答について、主な要因と認められることをご記入ください。

35. 貴事業場の安全・衛生委員会活動の特色についてご記入ください。

36. 安全・衛生委員会活動を活発にするためのポイントについてご記入ください

37. 中災防ではこの調査の実施結果から、安全・衛生委員会活動が積極的に行われていることを認められた事業場にお伺いして、具体的なお話を伺いたいと思っております。
   貴社にお伺いすることになった場合、ご協力いただけますでしょうか？
   ａ．積極的に協力する　ｂ．協力する　ｃ．できるだけ協力する　ｄ．協力できない

   質問は以上です。ご協力ありがとうございました。

以上

安全・衛生委員会活動状況調査回答用紙

記入者氏名		所属・役職	
事 業 場 名		業　　種	
電 話 番 号		Ｆａｘ番号	
全社従業員数		事業場人数	

分　類	No.	選　択　肢	記　入　欄
A．組　織	1	a．b．c．d	
	2	a．b．c．d．e．f．g	
	3	a．b．c．	
	4	a．b．c．d	
	5	a．b．c．d	
B．審議事項	6	a．b．c．d．e	
	7	a．b．c．d．e．f．g．h．i．j．k．l．m．n．o．p．q	
C．委員構成	8	a．b．c．d	
	9	（　　　　　　名）	
	10	a．b．c．d．e	
	11	a．b．c	
	12	a．b．c	
D．運　営	13	定期（　　）回・臨時（　　　）回	
	14	a．b．c．d	
	15	a．b．c．d．e	
	16	a．b．	
	17	a．b．c．d	
	18	a．b．c．d	
	19	a．b．c	
	20	a．b．c．d	
	21	a．b．c	
	22	a（　）％ b（　）％ c（　）％	
	23	a．b．c．d．e．f．g．h．i	
E．フォロー	24	a．b．c．d．e．f	
	25	a．b．c．d	
	26	実施率約（　　　）％	
	27	a．b．c．d．e	
	28	a．b．c．d．e	
F．その他	29	a．b．c．d．e．f	
	30	a．b．c．d	
	31	a．b．c．d	
	32	＊	
	33	a．b．c．d．e	
	34	＊	
	35	＊	
	36	＊	
	37	a．b．c	

リフレッシュ 安全衛生委員会
― 事例にみるキーポイント33 ―

平成14年8月20日　　第1版第1刷発行
平成28年12月6日　　　　第7刷発行

編　　者　　中央労働災害防止協会
発 行 者　　阿部研二
発 行 所　　中央労働災害防止協会
　　　　　　東京都港区芝浦3丁目17番12号 吾妻ビル9階
　　　　　　〒108-0023
　　　　　　電話　販売　03 (3452) 6 4 0 1
　　　　　　　　　編集　03 (3452) 6 2 0 9
印刷・製本　松尾印刷株式会社

落丁・乱丁本はお取替えいたします　　　　　　　　Ⓒ2008
ISBN 978-4-8059-0829-7 C3060
中災防ホームページ　http://www.jisha.or.jp/

本書の内容は著作権法によって保護されています。本書の全部または一部を
複写（コピー）、複製、転載すること（電子媒体への加工を含む）を禁じます。